可转债投资黄金宝典

阿 秋 著

中国宇航出版社
·北京·

图书在版编目（CIP）数据

可转债投资黄金宝典 / 阿秋著. -- 北京 : 中国宇航出版社，2020.4（2022.1重印）
ISBN 978-7-5159-1755-9

Ⅰ. ①可… Ⅱ. ①阿… Ⅲ. ①证券投资－基本知识 Ⅳ. ①F830.53

中国版本图书馆CIP数据核字(2020)第028216号

策划编辑 卢 珊　　责任校对 吴媛媛
责任编辑 卢 珊　　装帧设计 宇星文化

出版发行 中国宇航出版社
社 址 北京市阜成路8号　　邮 编 100830
(010)60286808　　(010)68768548
网 址 www.caphbook.com
经 销 新华书店
发行部 (010)60286888　　(010)68371900
(010)60286887　　(010)60286804(传真)
零售店 读者服务部
(010)68371105
承 印 三河市君旺印务有限公司
版 次 2020年4月第1版　　2022年1月第7次印刷
规 格 710×1000　　开 本 1/16
印 张 13.75　　字 数 196千字
书 号 ISBN 978-7-5159-1755-9
定 价 42.00元

本书如有印装质量问题，可与发行部联系调换

前言

感谢你翻开这本书，与可转债，与阿秋在此刻相遇。

作为一个优秀的投资品种，可转债打破了传统投资认知里低风险只能赚到低收益，高收益就必须承担高风险的成见，打开了低风险高收益的新世界大门。

自2017年可转债市场扩容以来，整个可转债市场的格局已经发生了较大的变化。阿秋在研究学习的时候发现，2017年以后市场上没有出版过可以系统学习可转债的图书。对于任何一个从零开始接触可转债、学习可转债的投资者来说，这都是一个巨大的缺失。

一直在教育行业创业的阿秋，愿意发挥自己的所长，将自己在可转债领域的投资理论、方法、心得以及实盘操作经验整理成书，辅以教育学理论和方法，让本书兼具可转债知识的系统性和投资学习的可操作性。希望这本书成为一本经得起时间考验，能为入场的投资者带来帮助的学习类读物。

关于本书，阿秋给出两个关键词。

系统性——在各种资料多如牛毛的今天，通过互联网检索可转债，可以得到很多资料，但你却无法寻找到一本书或者一门课程，可以系统地讲解可转债的定义、可转债的基本要素，以及可转债的各种操作。而这本书能够满足你系统学习可转债的需求。

理论与实战相结合——投资界里有很多高手，每个人擅长的领域都不同。有的人擅长理论研究，写出的文章比经济学论文还要高深严谨；有的人擅长实战操作，操作起来简直有如神助。你一定希望遇到这样一位导师——既能够将理论讲解得生动有趣，又能够将实战演绎得栩栩如生。本书就是这样一位兼顾理论与实战的优秀“导师”。

关于阿秋本人，作为一位场内低风险套利者，精研可转债、企业债、分级基金、AH互换等策略，涉足几乎所有场内低风险套利操作，并将多年的操作经验总结成书，制作了相关微课，并开设、运营多个可转债社群。

本书作为一本全面、系统讲解可转债的教科书，阿秋将帮助大家全面掌握可转债的相关知识。

因为投资经验及能力有限，并且成书时间较短，如有错漏，还请大家斧正。

本书提到的各种投资操作，包括但不限于阿秋提供操作指导思路或者给出具体买卖数据的内容，仅作为阿秋本人投资经验的总结与记录，不构成任何投资建议。投资者应该对所有投资操作拥有独立的思考和判断能力。

最后提示：投资有风险，入市需谨慎！

祝愿大家在投资的道路上，都能有所收获！

目 录

第一章

什么是可转债

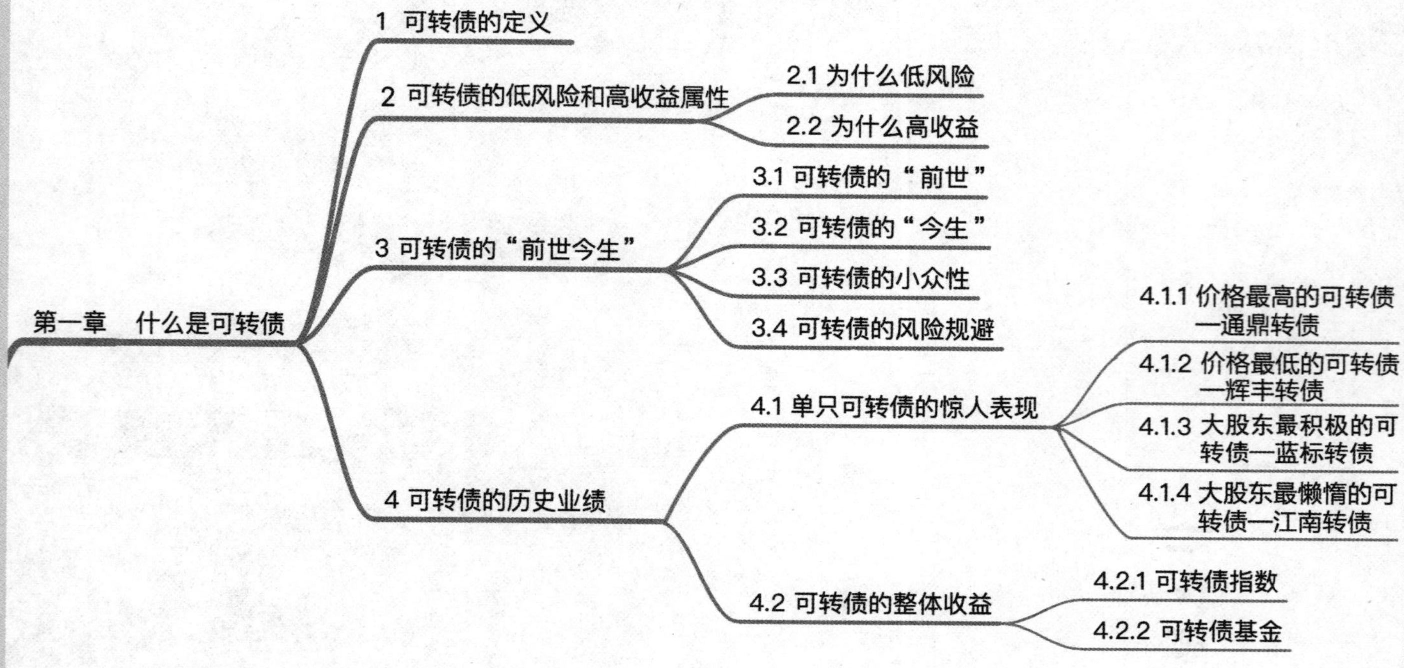
第一章 什么是可转债
1 可转债的定义
2 可转债的低风险和高收益属性
2.1 为什么低风险
2.2 为什么高收益
3 可转债的“前世今生”
3.1 可转债的“前世”
3.2 可转债的“今生”
3.3 可转债的小众性
3.4 可转债的风险规避
4 可转债的历史业绩
4.1 单只可转债的惊人表现
4.1.1 价格最高的可转债—通鼎转债
4.1.2 价格最低的可转债—辉丰转债
4.1.3 大股东最积极的可转债—蓝标转债
4.1.4 大股东最懒惰的可转债—江南转债
4.2 可转债的整体收益
4.2.1 可转债指数
4.2.2 可转债基金

1. 可转债的定义

可转债全称是“可转换债券”（Convertible Bond）。

可转债的本质是一种债券，但是它具有一个神奇的属性——在特定的时间，可转债持有人可以按照特定的价格将可转债换成可转债发行公司的股票。

也就是说，可转债具有债券和股票的双重属性。可转债持有人可以把它当成一个债券，每年领取债券的利息，并且在债券到期日领回本金；可转债持有人也可以在特定的时间按照特定的价格将可转债换成等值的股票。

以上就是可转债的标准定义。

如果你看了上面的定义以后还是觉得有点“云里雾里”，那么阿秋来给你举一个贴近生活的例子。

阿秋和小青，是一对很好的朋友。

阿秋家里有一小片苹果园，种出的苹果又大又甜，每年的产量和销量都非常好。成功地经营了这个苹果园之后，阿秋就想再多种几亩地，复制成功经验，做大做强。为了筹集资金扩张苹果园规模，阿秋想向小青借款 100 万元。

本来呢，阿秋想按照向好朋友借钱的做法，给小青打个借条，借条上写明自己向小青借款 100 万元，借期 6 年，然后按期还本付息。但是，最近进修了很多金融学和经济学知识的阿秋有一个新想法。

这 100 万元呢，阿秋借来不是为了享受山珍海味，奢靡浪费的，她是正儿八经地筹钱扩张苹果园。阿秋自己也算过一笔账，像她这样继续勤勤恳恳地经营苹果园，生意大概率会越来越红火。也就是说，6 年之后，阿秋苹果园的面积会扩张很多倍。假如这 100 万元可以按照一定比例换算成苹果园的面积，6 年之后，阿秋就不需要还给小青 100 万元现金，而是分给她一部分苹果园就好了。

这样，阿秋和小青岂不是双赢？

在这个例子里，阿秋就相当于上市公司的大股东，她的苹果园就是上市公司的股票，小青是购买可转债的债券持有人，而阿秋向小青借来的可以按照一定比例换成苹果园面积的100万元，就是可转债。

在我国证券市场中，上市公司发行各种债券，主要目的都是为了借钱。借到钱，可能用于扩大生产，可能用于回购股票，也可能用于解决短期债务。可转债作为债券的一种，上市公司发行它的主要目的当然也和其他债券一样。

但有一点特别重要，所以阿秋要放在本书的开篇来强调。

上市公司以极低的利息发行可转债，本质上是上市公司拿股权来进行融资，并不是真的打算最后到期还本，其隐藏的“真正目的”，就是为了“借钱不还”。

当然，上市公司并不能真的要赖不还钱，而是希望可转债持有人在可转债到期日之前，将手里的可转债换成股票。这样一来，上市公司就可以用股票来偿还债券持有人，而不必支付现金了。

就像刚才故事里的阿秋一样，她期望在经营成功、苹果园成功扩张的情况下，拿出一定面积的苹果园来偿还小青的债款，而不是还给小青真金白银100万元。

明白了什么是可转债，以及上市公司发行可转债的“真正目的”之后，就可以愉快地进行下一节的学习了。

阿秋的 Quiz

1. 可转债本质上是一种________，但它在特定的条件下可以换成________。

A. 基金　　B. 股票　　C. 债券　　D. 货币

2. 上市公司发行可转债，其隐藏的“真正目的”是为了________。

A. 解决短期债务　　B. 扩大生产　　C. “借钱不还”　　D. 回购股票

（答案　1.C.B　　2. C）

2. 可转债的低风险和高收益属性

2.1　为什么低风险

可转债的本质是债券。**可转债的低风险属性，正是源于债券的低风险属性。**

只是这样说，大家可能还不太明白。没关系，阿秋还是用上面的例子来讲解。

债券债券，就是债 + 券。

当我们向别人借钱的时候，我们就欠了别人的钱，也就是我们欠了债。一般借钱都会写借条，写上谁向谁借了多少钱，多长时间还，付多少利息等。

借条，就是一种广义上的债券。

债券是一种规定了债务人（也就是借钱的人）向债权人（也就是出钱的人）借了多少本金、何时还款的金融契约。

般来说，债券的安全性是较好的。除非发行债券的政府、公司或者机构发生重大危机，例如爆发战争、公司或者机构破产等，债券的安全性才会受到影响。

回到可转债上，**在可转债发行公司不破产退市的情况下，可转债都是要还本付息的。**

就像前面讲的例子，假如阿秋经营不善，苹果园未能如期扩张规模。只要阿秋的苹果园还在经营，阿秋也并没有申请破产，那么时间一到，阿秋依旧得按照约定的本金 + 利息归还小青现金。

那么，除了可转债的本质是债券，这个性质本身具有低风险的特质外，还有什么可以保证它的安全性呢？阿秋就得讲讲可转债的发行条件了。

大家往往会把一家企业登陆 A 股上市看作成功的起点。因为登陆 A 股市场进行上市交易，需要满足的条件非常严苛。例如，要求申请上市的企业连续 3 年净盈利累计 3000 万元以上等。

所以，现在你知道为什么很多明星互联网企业舍近求远纷纷去香港和美国股市上市了吧？靠融资活着或者尚未实现较大盈利的公司，还够不着 A 股的门槛。

目前我国证券市场采取的是审批制，企业想要登陆 A 股市场，不仅自身条件要过硬，还要经得起各种各样的审查。可以说，每一个上市公司都是“过五关斩六将”才得以成功上市，成为市场里的幸运儿。

一旦成功登陆 A 股市场，就相当于抢到了一张“长期饭票”。在公司经营状况稳定的情况下，对经营发展前景可以“高枕无忧”了。

这也从侧面解释了为什么这些年即使有些公司经营不善，濒临破产退市，却依旧可以靠着“借壳”复活。

获得 A 股上市资格已经很不容易了，在茫茫的 A 股市场里，上市公司要想具备发行可转债的条件，还会面临证监会的进一步审查和筛选。

这就好像在一箩筐的苹果里挑选 A 级红富士，再从 A 级红富士里挑选顶级红富士一样。通过这样的层层选拔，能在极大程度上避免了选中坏苹果的可能性。

目前我国市场上存续的所有可转债，包括之前已经光荣结束使命、完成转股退市的可转债，从未出现任何一家上市公司违约的情况。当然，过去只能代表过去，过去没有出现的，不代表未来一定不会出现。但是可转债属于低风险投资产品这件事，基于历史数据，目前还是可以保证的。

阿秋的 Quiz

1. 发生下面哪一种情况，可转债可能会面临风险？

A. 企业营收下降　　B. 企业破产退市

C. 企业高管违法　　D. 企业资金紧张

（答案　1. B）

2.2 为什么高收益

说完了低风险，下面聊聊可转债的高收益属性。

相信看过前面两节的内容，“可转债是一种债券”这个概念已经深深地印在了大家的脑子里。

大家可能会想，可转债既然是债券，它就应该像我们出具的借条一样，只有本金 + 利息的价值，除非是高利贷，否则它本身的收益应该很微薄，没听说过谁靠借钱给亲戚朋友而发家致富的呀。

大家想的没错，如果债券本身的价格永远只有本金 + 利息那么多，并且可转债只是一种普通债券的话，就不存在所谓的“高收益”属性。

为了解答大家这个疑惑，阿秋将它拆成两个部分来讲解。

第一部分，债券的价格是不是只是“本金 + 利息”？

这里，阿秋要搬出阿秋妈妈的故事了。

阿秋妈妈最喜欢收集纪念币和世界各地的钱币。

这些纪念币也好，真实货币也好，它的价格往往是写在纸上或者铸在金属上的。例如一张 100 元的人民币，假如用它来购买生活用品，它就能发挥出 100 元的购买力。

但是纪念币除了票面价格之外，还有一些其他属性。比如一些纪念币设计得非常好看，有特殊的纪念意义，或者发行量特别少，每到这种时候，阿秋的妈妈就会不辞辛苦地早早去银行排队申购。

银行卖给阿秋妈妈的纪念币是以票面价格出售的，例如 100 元面值的纪念币需支付 100 元货币来购买。但随着时间的流逝，纪念币的稀有属性带来了升值，最后这些纪念币往往会以高出票面价格的金额被出售。

比如一张原本 100 元面值的纪念币，最后可能会卖出 150 元甚至更高。

货币，就是一种政府发行的信用型债券。如果没有政府信用作为担保，货币就是一张花花绿绿的纸而已。

通过纪念币这个故事，阿秋解释了债券并不是永远只有本金 + 利息这样一个价格，有时候也会有高出票面金额价值的情况。

第二部分，可转债是普通债券吗？

可转债不是普通债券，不过它和纪念币的原理也存在差别。

这一部分，阿秋将放在第二章来详细解析。在这里，让我们直接来看看可转债的高收益究竟有多高。

根据目前市场上常见的各种投资品种的收益统计，阿秋画了这样一张收益数据图。

图 1–1　不同年化收益率区间的投资品种

从图 1–1 中可以看到，货币基金、银行理财产品、国债这类低风险的投资品种，是被装在年化收益率 0~5% 这个篮子里的。年化收益率 5%~10% 的篮子里，有 P2P 和信托等投资品种。在 10%~20% 的篮子里，有股票、基金这些具有一定风险的投资品类。

之所以把年化收益率 20% 作为上限，是因为这是股神巴菲特几十年投资生涯取得的历史平均成绩，投资界一般也会将年化收益率 20% 作为一个了不起的投资成绩。

你可能听过很多 1 年 10 倍的神话，内心对一夜暴富有不切实际的幻想。事实上，只要你长期保持年化收益率 20% 的收益，就已经拥有世界投资第一人的水平了。

现在，请你闭上眼睛，猜想一下可转债会在上面的哪个篮子里呢？心里有了一个数字之后，请继续往下看。

事实上，经过对可转债的投资收益回测，可转债的年化收益率接近 20%。

那么，这个 20% 收益率是如何来的呢？

可转债面值一般为 100 元。当可转债跌破面值 100 元甚至跌破 90 元的情况时买入，最终它大概率会回到 130 元或以上并以该价格完成转股退市。

为什么是大概率呢？根据历史统计数据，发生这种情况的可转债占总量的 90%。

可转债持仓收益 =（卖出价格 － 买入价格）÷ 买入价格 ×100%

=（130−90）÷90×100%

= 44%

取得这个 44% 的收益是花了多少时间呢？

根据可转债市场的历史统计数据，可转债平均存续期为 2.6 年。也就是一只可转债从上市到退市（转股完成退市或者到期还本付息），平均时间是 2.6 年。

2.6 年取得 44% 的持仓收益，可以计算得出可转债的平均年化收益率接近 20%。

而且，这 20% 并不是可转债收益的上限。

因为历史上价格最高的可转债价格曾经达到过 600 元，如果按照这个价格来测算，收益率是非常惊人的。

也正是因为这样的情况，最终造就了可转债的高收益。

因此，人们将可转债的低风险和高收益总结成 8 个字：**下有保底，上不封顶**。

这 8 个字深刻地揭示了投资可转债的优越性，也造就了它独特的魅力。

阿秋的 Quiz

1. 下面哪 8 个字能够最准确地形容可转债的特点？

A. 省心省力，旱涝保收　　B. 下有保底，上不封顶

C. 低估分散，动态轮动　　D. 优选择时，分批建仓

（答案　1. B）

3. 可转债的“前世今生”

3.1 可转债的“前世”

这一节，阿秋带你坐上时光机，一起看看可转债的“前世与今生”。

1993 年，中国宝安企业（集团）有限公司发行了我国历史上第一只可转债——宝安转债（125009）。

在我国金融市场中，任何一种金融产品，其诞生和发展的历史都是艰辛而曲折的，可转债也是如此。

由于当时股票市场并不成熟，各方投资者对可转债的了解也非常少，再加上宝安转债运气极差，遇上了连绵不绝的熊市，最终宝安转债并未在两年存续期内完成转股。也就是说，最后宝安转债按照债券的形式向所有投资者还本付息，退出了市场。

宝安转债的“失利”，给刚刚来到这个世界，说起来还是个“婴儿”的可转债，蒙上了一层阴影。

初战惨败的可转债至此被市场“雪藏”了起来，好像所有人都忘记了市场上曾经出现过这么一个债券品种。

这一“雪藏”就是 5 年。也就是说，从 1993 年到 1998 年，投资市场上没有 1 只可转债发行上市。

时间来到 1998 年，丝绸转债（125301）、南化转债（100001）终于冲破了宝安转债的阴霾，相继上市。

这一次，可转债的行情走势比 5 年前好了很多，投资者对于可转债的认识水平提高了不少，大股东们也坚持不懈地在背后为可转债“推波助澜”。最终，南化转债和丝绸转债都成功地转股退市，并且在存续期间都达到了 300 元以上的价格。

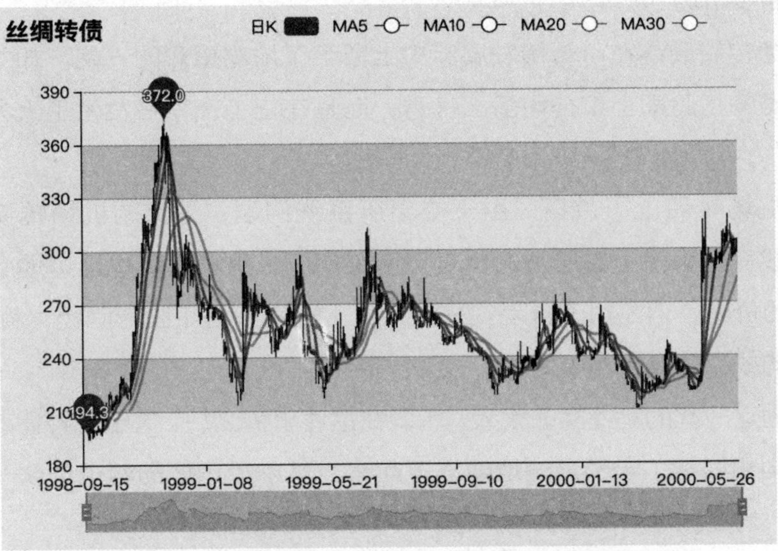

图 1-2 丝绸转债（125301）日 K 线走势图

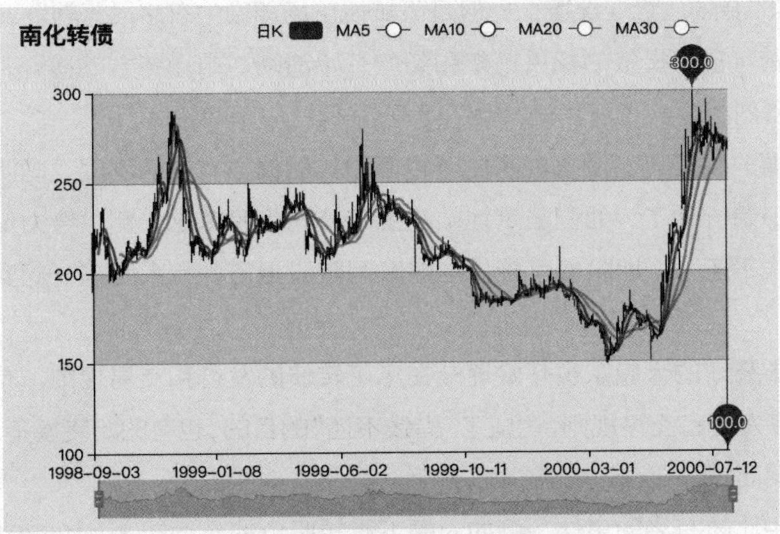

图 1-3 南化转债（100001）日 K 线走势图

时间继续前进到 2000 年，上海机场（600009）宣布发行机场转债（100009）。作为一只优质的白马股，上海机场发行可转债的消息一出来，立刻受到了市场的广泛关注。

机场转债最终在可转债发展历史上留下了浓墨重彩的一笔，却并不是因为它本身的正股即上市公司多么优秀，而是在它上市首日发生了天大的“乌龙事件”。

在机场转债上市首日，由于交易所系统问题，大量的机场转债以 1 元的价格成交。虽然上交所及时修复了系统问题，机场转债也迅速地回归到了 100 元的价格，但是由于价差实在太大，上交所不得不强行回档，将所有 75 元以下的成交单都以作废处理。

因为这一次的乌龙实在太大，所以在这件事情之后，关于可转债的条款、买卖规则和框架，全部迅速地建立了起来。其中最重要的两个条款——下修和回售，也是在这个时期被写入了可转债的交易规则中。

关于下修和回售的具体条款分析，阿秋将在第二章具体讲解。

接下来的 10 年，虽然中国股市经历了一个巨大的牛熊周期，并且与 2008 年的金融危机迎头撞上，但是可转债市场却稳中有序地蓬勃发展着。

随着可转债投资的相关框架和条款开始清晰，市场各方的博弈开始变得越来越激烈。

懵懂的投资者还没有搞明白可转债和其他债券有什么不同，聪明的投资者已经开始行动了。他们坚定地站在上市公司大股东这一侧，努力促动大股东“借钱不还”，期盼着可转债能够顺利转股退市，和大股东一起实现“共同富裕”。

上市公司的大股东也开始逐渐在意可转债的发行和交易规则，有的成功地利用了发行和交易规则，达成了“借钱不还”的目的，也有的始终摸不清门道，最终铩羽而归。

其中比较有名的事件，例如大幅下修转股价的丝绸转 2（126301）和海马转债（125572），都是在当年创下了历史纪录。江淮转债（110418）前无古人、后无来者的“强制”下修条款（正股下跌到一定价格，转股价强制跟随下修），也从侧面反映出那个时代“群雄并起，逐鹿中原”的状况。

总之，可转债这个市场开始真正热闹起来了。

直到2010年6月，发行规模为400亿元的中行转债（113001）开始登场。

中行转债的发行公司是中国银行（601988）。在中行转债发行之前，最大规模的单只转债都只有数十亿元。中行转债像一颗深水炸弹，一下子搅热了可转债这个市场。随着中行转债的顺利发行，更多金融机构和银行，例如工商银行、民生银行、中国平安等开始纷纷发行巨无霸型的可转债。

过去可转债市场的池子极小，水也浅。由于品种稀缺的原因，所以上市的可转债都受到了市场的追捧，价格也都创出过高点。例如2007年发行的唐钢转债（125709），上市首日价格就达到了150元，收益率堪称惊人。

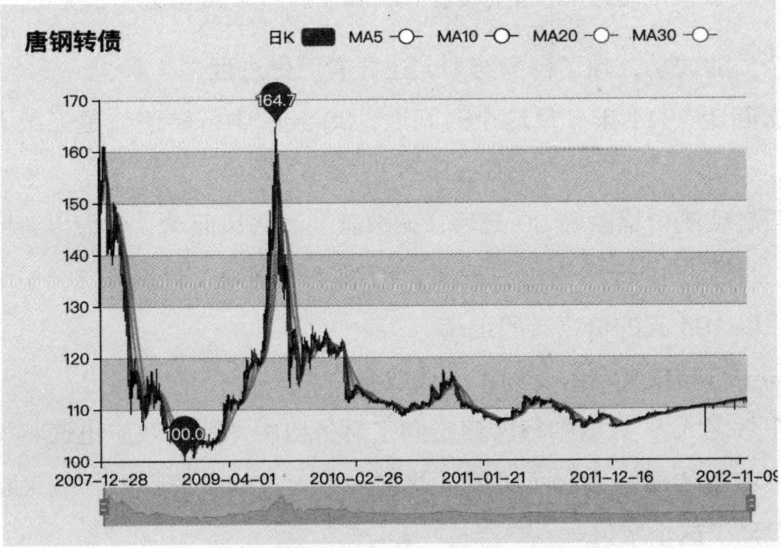

图1-4　唐钢转债（125709）日K线走势图

巨无霸的登场，让可转债市场的池子变大了，水也变深了。随之而来的是可转债的交易价格开始逐步下滑，甚至开始出现了跌破面值的情况。

2011年6月，中行转债的成交价格一路下行，一度跌破了90元。

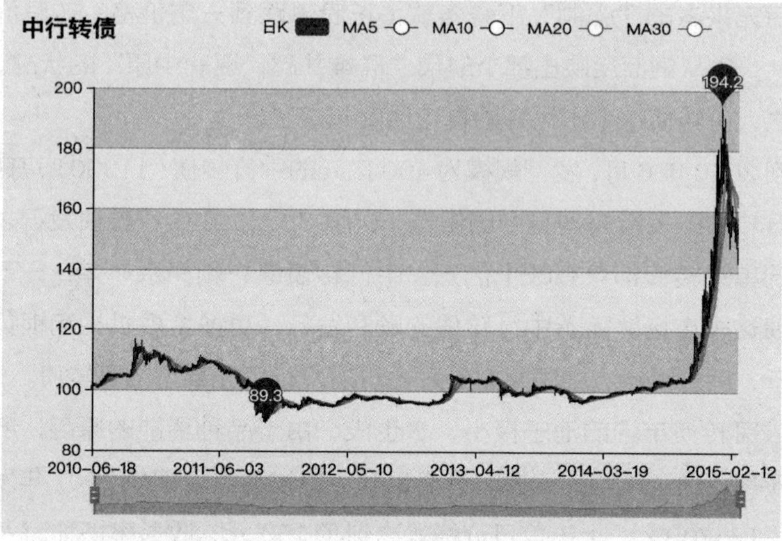

图 1-5　中行转债（113001）日 K 线走势图

一个人的成功，除了自身努力，还要看历史进程。

再次回望 2011 年 6 月这个时间点，89 元的中行转债就是无数人的人生分水岭。

中行转债的价格跌破 90 元后，无数套利者闻风而动，他们以正回购等杠杆手段，冲上了中行转债这只战船，历经 4 年搏杀，最终在 2015 年盼到了中行转债以 194 元的价格转股退市。

参与中行转债套利的交易者一战成名。

由于数名大 V 靠着中行转债走向了财务自由，财富效应迅速将投资可转债暴富的故事传播开去。可转债从此走入了大众的投资视野，越来越多的投资者注意到了这个宝贝。

3.2　可转债的"今生"

2017 年，可转债市场迎来了井喷。

国家放开了政策，鼓励企业通过资本市场进行融资，并且放开了可转债审批的部分条件，让更多上市公司有机会递交可转债发行申请。

作为一种“借钱不还”的好手段，可转债瞬间获得了大批上市公司的青睐。

过去 24 年，一共只有 100 来只可转债发行上市。而在 2017 年一年之内，就有 100 多家上市公司提交了可转债发行申请。

更多的公司发行可转债带来了更多的行业和类别，让整个市场可以选择的标的更加丰富。更加丰富的标的，让可转债市场的系统性风险进一步降低。越来越多的金融机构也看中了这块蛋糕，纷纷跑步入场，抢着配置可转债。

可是仅有机构来买卖可转债还不够。就像一个蓄水池，只开大了水龙头，如果放水口还是很小的话，这个池子早晚得漫堤。

为了配合迅速扩容的可转债市场，国家同时也放开了可转债投资者的申购条件，将资金申购改为信用申购。简单来说，就是不需要持仓，只要开个账户，就可以申购可转债。

关于可转债打新申购的详细内容，阿秋将在第四章详细讲解。

国家两头松绑，让可转债市场真正变成了一个平易近人的投资项目。2017 年年底，大批投资者涌入了可转债这个市场。

然而，就在几个月之后，A 股市场却遭遇了一场极度低迷的大熊市。

2018 年年中，A 股市场一度下探到 2400 点，行情极度低迷，人气极度清淡。作为和上市公司股票紧密挂钩的产品，可转债市场自然也不例外。在那段时间，可转债市场里的半数转债都跌破了 100 元的面值，甚至出现了大量 90 元以下、80 元以下的可转债。

这个时期，其实就是投资可转债市场的系统性机会。

关于可转债市场系统性机会的具体实操策略，在第五章会详细说明。

当然，你可能会说，现在都已经 2020 年啦，系统性机会是不是早就消失了？可转债这个时候还能买吗？

2015 年，市场上流传着很多大 V 靠中行转债和多倍杠杆实现财务自由的神话。

那个时候，阿秋的想法也是：可转债的行情是不是已经结束了？赚钱的机会还能轮到我吗？事实证明，资本市场每 5 ~ 10 年就有一个牛熊周期，虽说每一次总有很多人贪婪或者恐惧，嚷嚷着这一次不一样，但其实每一次都一样。

所以，好好看完这本书，认真学习可转债知识，相信下一个机会一定属于你。

3.3 可转债的小众性

可转债这么好，为什么你好像从来没有听说过？那么恭喜你，今天翻开这本书，能够让你打开一个通往新世界的大门。

从进入资本市场的第一天起，可能你就被很多人教育，说高收益一定是伴随着高风险，低风险只能获取低收益。

今天阿秋想告诉你，事实并不是这样的。

人永远赚不到自己认知范围以外的钱——可转债就是那个低风险和高收益并存的投资品种。

另外，阿秋还要恭喜你，到目前为止，可转债依旧是一个非常小众的市场。

根据公开发布的数据，参与可转债打新的人数平均大约在 30 万人，即使在鼎盛时期，也不过 300 万人左右。

我国 A 股市场打新的户数有多少呢？平均大约有 1200 万户，鼎盛时期的数字就更大了。也就是说，正在炒股的 40 个人中，才能找出 1 个人在参与可转债投资。

打新尚且如此，参与可转债交易的人数就更加稀少了。

参与人数少的第一个原因，就是投资者资金规模小。

从历史数据可以看到，可转债日常的流通盘可能就几十到几百万元（排除那些遭到机构或者游资爆炒的“妖怪转债”），这个交易额对于一个上市流通品种来说，已经相当小了（要知道，一只市值在十亿级的股票，日成交额至少都是千万级别的）。

参与人数少、成交额低的市场，很容易出现一些套利机会，并且套利机会的窗口期可能会长期存在。这个就是经济学中经常说起的非完全有效市场。

大家可以看看场内ETF品种套利，套利窗口期以毫秒来计，只有机构投资者的大型计算机能够捕捉这种套利机会，根本没有散户什么事儿。阿秋在2018年年底参与江南转债回售套利，窗口期持续了大约整整1周，可以说是非常长的一段时间了（这一次的实操案例将在第七章详细讲述）。

一个小众市场，往往蕴藏着无限的获利可能。

3.4　可转债的风险规避

前面说了可转债那么多的优点，那么可转债的缺点呢？

通过前面的学习，大家知道可转债最大的风险就是上市公司破产退市，有没有什么办法可以最大程度地规避风险呢？

有，分散。

“不把鸡蛋放在一个篮子里”，是颠簸不破的真理。

大家在投资可转债的时候，应该避免某只可转债仓位过重，这样就可以将风险尽可能地降到最低。

关于可转债的仓位控制，你将在第五章、第六章中看到更多实操内容。

除了可转债破产退市这个风险外，当然，你还有可能想到，万一哪天国家突然喊停了可转债，就像现在“处决”了分级基金一样，我们又该怎么办呢？

如果真的有那么一天，就算得上是遇到真正的黑天鹅了。

阿秋对此也只有一个建议——做好大类资产配置，也就是“股债平衡”。

这里的“股”和“债”，并不是指狭义的股票和债券，而是广义上的“股权类资产”和“债权类资产”。

“股权类资产”，包括股票、股票型基金、房产等，这类资产最害怕遇到价格深度下跌。比如你家投资的房子，去年100万元买的，今年只值50万元了，你肯定会气得吃不下饭睡不着觉。

“债权类资产”，包括债券、债券型基金、货币型基金等，持有这类资产最害怕遇到恶性通货膨胀。比如你去年借给阿秋100万元，阿秋写了欠条，约定今年还给你 100 万元。结果这一年发生了恶性通货膨胀，阿秋虽然还给了你 100 万元，但是这 100 万元只值 10 万元了，身为债主的你，恐怕会欲哭无泪吧。

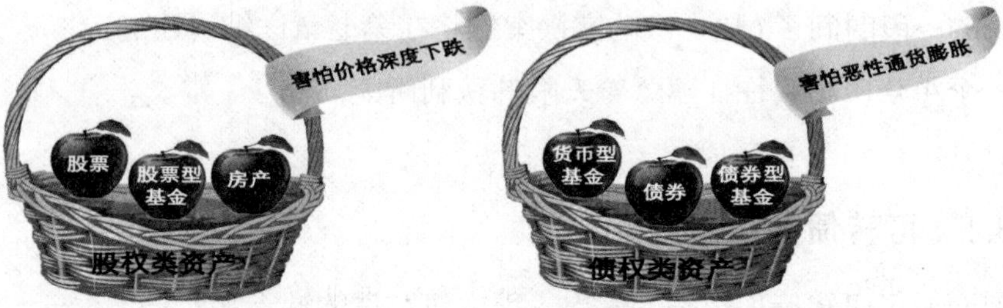

图 1-6　股权类资产和债权类资产

了解了什么是“股权类资产”和“债权类资产”，想一想，可转债属于“股权类资产”还是“债权类资产”呢?

事实上，可转债两者的属性兼而有之。

在本书第五章，你会看到阿秋如何将可转债当作“股权类资产”来使用，构建出低风险、年化收益率 20%~30% 的投资组合；在本书第六章，你又会看到阿秋如何将可转债当作“债权类资产”使用，构建出了极低风险（堪比银行理财产品）、年化收益率 5%~10% 的投资组合。

回到如何预防政策黑天鹅上，除了可转债，你需要在上图的左边篮子和右边篮子里各挑选一些品类，构建自己的投资组合。只要做好了大类资产配置，保持“股债平衡”，那么单一品种的风险就不会让你伤筋动骨。

最后，阿秋要送给大家一句话。

既然已经进入可转债这个游乐场，趁游乐场散场之前，一定要认真并全情投入，不要等到曲终人散再追悔莫及。

战场上的前辈们在 2011 年 –2015 年打了一场漂亮的胜仗。希望此刻的你愿意相信阿秋，我们一起携手并肩，在这个市场中奋勇前进。

4. 可转债的历史业绩

前面大家一起认识并了解了可转债，你应该是听够了阿秋对可转债的“赞美”吧，那么，可转债真的有那么好吗？这一节，阿秋将尽可能多地呈现具体的数据和图表，用真实的历史业绩，为大家还原可转债的历史收益情况。

4.1　单只可转债的惊人表现

4.1.1　价格最高的可转债——通鼎转债

如果说可转债市场也有一个吉尼斯世界纪录的话，那么通鼎转债（128007）大概可以霸榜很多年。

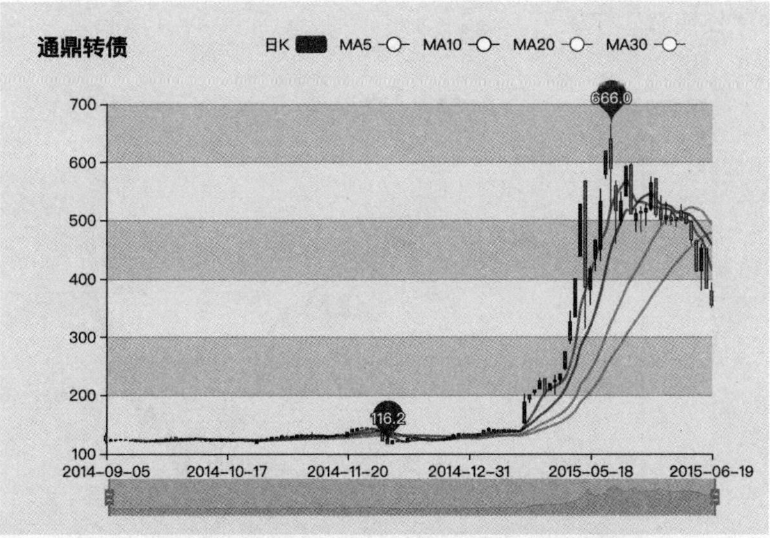

图 1-7　通鼎转债（128007）日 K 线走势图

通鼎转债作为历史上创出价格最高点的转债，在 2015 年 5 月 22 日达到了 666 元的高价。

除了通鼎转债自身运气比较好，冲高阶段正好赶上了 2015 年的疯狂牛市之外，通鼎转债背后的上市公司大股东没少出力——高送转、资产重组、公司更名，这些在当年受到热炒的概念全都没落下，并且一个接一个地落实了。

2015 年 4 月 28 日，因为资产重组而停牌 3 个月的通鼎转债正股通鼎互联（002491）复牌，一口气连拉出 18 个涨停板，股价从 18.85 元爆炒至 105 元左右（复权价）。对应的通鼎转债也就跟着水涨船高，从 138 元一路飙升到 666 元。

这一切，就发生在 2015 年 4 月到 5 月这 1 个月之内。

1 个月，翻 5 倍。

“中国神债”的名号，就此被通鼎转债拿下了。

4.1.2 价格最低的可转债——辉丰转债

如果说通鼎转债的故事是一首激烈昂扬但是却短暂的进行曲的话，那么作为创下可转债历史最低价格的辉丰转债（128012），它的故事就是一首婉转悠长的“长恨歌”了。

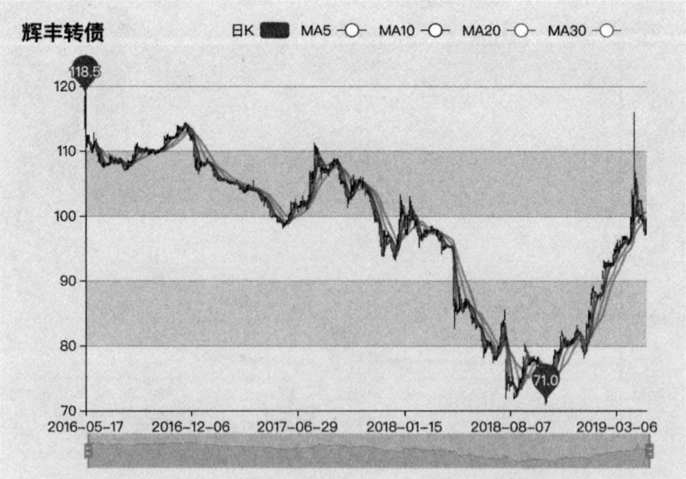

图 1-8 辉丰转债（128012）日 K 线走势图

2016 年 5 月 17 日，辉丰转债在深交所上市，首日开出了 118 元的价格。市场对这家国内细分农药行业的龙头企业还是给予了厚望，对其未来的发展充满了信心。

可转债发行不久后，市场环境下行，辉丰转债也跟着走弱。但是随着正股 2017 年年中财报发布，亮眼的营收数据和超强的利润及利润增长率，一下子又给辉丰转债打了一剂强心针，让它再次调转方向昂头向上，价格一度达到了 110 元的位置。

接下来的故事，就特别像一出猜不到结局的戏了。

2018 年 3 月，辉丰转债正股上市公司辉丰股份（002496）发布公告，公司因为涉及环境污染问题，被生态环境部门曝光。

2018 年 5 月，辉丰股份发布公告，因为环境问题，公司的非环保车间被关闭，此次受影响的业务占到了公司整体业务的 70%。

2018 年 8 月，辉丰股份发布公告，由于环保问题导致公司主营业务关停，股票被证监会实施风险警示，从此辉丰股份更名为 ST 辉丰。

从 2018 年 3 月到 2018 年 8 月，短短半年的时间，辉丰股份的市值就蒸发了 60%。

这下市场炸锅了，到处都是辉丰股份恐怕要破产退市的传闻。

之前讲过，可转债最大的风险就是上市公司破产退市。受到这样大的舆论影响，辉丰转债的价格迅速下滑，从 100 元跌到 90 元，再跌到 80 元……

直到 2018 年 7 月 30 日，辉丰转债的价格跌到了 71 元。

你可能对 71 元的可转债是个什么概念缺乏了解，没关系，阿秋苹果园的故事又上场了。

阿秋成功地从小青那里借到了 100 万元资金，然而第二年苹果园遭遇了一场特大干旱，整个苹果园的果树死了 60%，并且这场干旱什么时候结束，没有人知道。

小青着急了，她本来想着可以靠阿秋的苹果园大赚一笔，可眼下这情况看来，阿秋的苹果园怕是不行了。她自然就想起了自己的 100 万元出借款，得赶快去要债呀，不然到时候阿秋跑路了怎么办？

等小青赶到阿秋的苹果园，她傻眼了，苹果园被好多债主围了起来。大家都知道旱灾将导致苹果园岌岌可危，都来向阿秋讨债了。

这下场面热闹了。债主们纷纷要求阿秋还钱，可是阿秋根本拿不出来这么多现金，于是债主们就开始互相喊价。

一个债主说："阿秋老板，我借给你 100 万元，现在你只需要还给我 95 万元就好了。"另一个债主抢着说："阿秋老板，我这边只需要还 90 万元就行，你先还我，先还我。"

就这样，大家你一言我一语，喊价越来越低。为了让阿秋还钱，哪怕损失一部分本金大家也在所不惜。

轮到小青的时候，她发现现在假如要继续跟着债主逼阿秋还钱，她只能拿回 71 万元了。

这就是辉丰转债跌到 71 元时所面临的情况，然而属于辉丰转债的故事并没有结束。

随着辉丰股份配合环境监察部门积极整改，从 2018 年 9 月开始，部分车间开始复产。截至 2019 年 1 月，复产的车间达到了 30%，剩下 40% 的车间也在陆续复产中。

这样的利好消息，让辉丰转债的价格恢复到了 80 元的水平。

2019 年 1 月 11 日，辉丰股份发布公告，计划出售农药相关业务给安道麦 A（000553），以谋求战略转型。

这则消息一出来，市场里可谓悲喜两重天。

悲伤的是辉丰正股的持有人。对于他们来说，战略转型只是一个美丽的谎言。辉丰股份这家公司的核心业务就在农药这个产品上，一旦把农药这项主营业务卖给了其他公司，辉丰股份就只剩下一个空壳了。这就好像你家楼下开了 10 年多、远近闻名的包子铺老板说："明天开始我再也不卖包子啦。"即使包子铺没有真正关门，还可以卖卖盒饭和零食什么的，但这家包子铺已经名存实亡。

喜悦的是辉丰转债的持有人。对于他们来说，辉丰股份出售掉农药这个业务，算是彻底摆脱了"做农药的企业绕不开污染环境"这个困局，再也不用害怕环保部门的审查了。另外，随着主营业务的出售，辉丰股份将得到大笔现金。这些现金就是可转债一定不会发生违约的保障，之前破产退市导致无钱还债的这颗定时炸弹，就算从辉丰转债上撤下来了。

1 个月之后，辉丰股份顺利摘掉 ST 的帽子，风险警示被撤销了。

图 1-9　辉丰股份环保问题时间线

截至 2019 年 11 月，辉丰转债的价格在 99 元左右，已经完全恢复到一只普通转债应该具有的价格。假如有人在 2018 年 7 月买入 71 元的辉丰转债，截至 2019 年 11 月，他已经获得了 39% 左右的持仓收益。

2019 年 11 月距离辉丰转债存续期到期，还有大约两年多的时间。对于辉丰转债未来的走势，市场上产生了基于回售、强赎等各种博弈策略。对于"起死回生"的辉丰转债，大家依旧抱有很高的期待。

阿秋对辉丰转债的关注，始于 2018 年 3 月的环保督查事件，一路看着辉丰转债下跌创造历史，又一路看着辉丰转债逐步翻身，重回正常价格。

关于阿秋对辉丰转债的操作，大家会在第五章、第六章看到更详细的记录及策略分析。

4.1.3 大股东最积极的可转债——蓝标转债

之前讲过，可转债最后能否有好的结果，1 分天注定，剩下 99 分靠大股东打拼。

这里，阿秋就拎来一个大股东态度最积极的可转债——蓝标转债（123001）为大家讲一讲。

蓝标转债的发行公司为蓝色光标（300058），业务涉及营销服务、数字广告以及国际业务等。作为一家在业内名头很响的公司，蓝色光标在资本市场的表现也很是“与众不同”，其停牌、并购重组的频次长期居于创业板和 A 股的前列（甚至很长一段时间都是第一名）。

如果说 71 元的辉丰转债是市场因为利空消息遭遇错杀的遭难“贵公子”，那么曾经跌到 85 元的蓝标转债，简直就是打不死的小强，人生逆袭的底层咸鱼。在资本市场里，蓝色光标充分将大股东应该如何积极促进可转债完成“借钱不还”的终极使命表演得淋漓尽致。

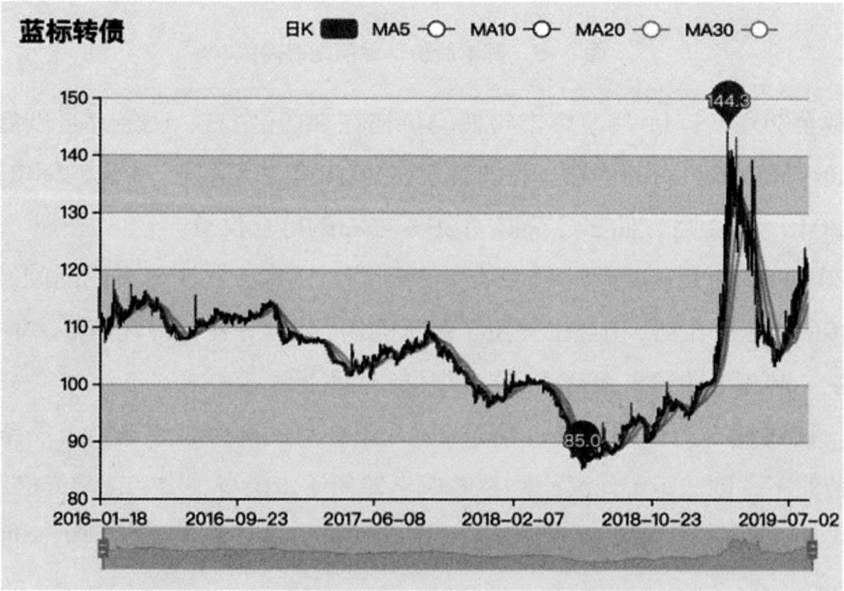

图 1-10 蓝标转债（123001）日 K 线走势图

2016年1月18日，蓝标转债上市。

在上市前几天以及上市当天，蓝标转债正股蓝色光标遭遇连续跌停——蓝标转债就是在正股暴跌中诞生的。普通的可转债，一出生就碰到正股连续跌停的走势，估计早就发疯了。

但它是蓝色光标，创业板最神奇的蓝色光标。

硬扛正股的连续跌停走势，蓝标转债上市首日硬是开出了115元的价格。

接下来，蓝色光标正股价格继续一泻千里，向着腰斩再腰斩的速度向下狂奔。

在这种情况下，蓝标转债的大股东抓紧时间采取对策，仅仅1年之后，也就是2017年6月，蓝色光标就召开了股东大会，进行蓝标转债第一次转股价下修。

本来可转债下修也不是什么奇怪的事情，但是蓝标转债可是自2014年9月以来首个发起下修的转债，可以说大股东非常希望通过下修转股价，促进蓝标转债完成“借钱不还”的使命。

这个举措一出台，市场充分感受到了大股东的决心。

可是好景不长，由于蓝色光标的海外扩张计划出现问题，经营状况每况愈下，股价更是持续下跌。在这种情况下，虽然转股价下修获得成功，但是离大股东“借钱不还”的愿望眼看是越来越远。

屋漏偏逢连阴雨，天寒又逢雪上霜。在2017年9月底，蓝色光标收到了深交所的警示函，询问关于蓝色光标可转债募集资金的使用情况——可转债本身是债券，募集来的资金不能用作募集说明书规定之外的用途，如果变更资金用途，就将触发附加回售，也就是提前还钱给债权人。

大股东先是乖乖听话，表示会及时发布募集资金用途说明。半年之后，为了拖延触发附加回售的时间，竟然自行宣布延期发布关于募集资金用途的说明。

这下市场一下子就炸了，市场中一片谩骂声和质疑声，这种做法实在太过分了。这是打算用“拖”字诀，拖到地老天荒吗？

2018 年 6 月，蓝标转债的价格急跌到了 85 元。

大股东一看这个价格，着急了——这样下去可就得还钱了。

紧急情况下，2018 年 8 月，蓝色光标的大股东再次召开股东大会，再次下修转股价。这次下修之后，成效显著，蓝标转债的价格慢慢地爬上来了。

虽然大股东靠两次下修的行动拯救了蓝标转债，但是蓝色光标正股依旧惨兮兮的。

2019 年 1 月，蓝标转债进入了回售期。由于此时蓝色光标股价太低，即将触发回售条款。蓝色光标的大股东为了避免触发回售条款，提前还钱给债权人，再次下修了转股价。

蓝色光标的大股东们，就差把“打死都不还钱”几个字写在脸上了。

为了不提前还钱，下修转股价；为了最终能够不还钱，再次下修转股价；要是下修两次效果都不好怎么办？那就第三次下修！

经过 3 次下修转股价，蓝标转债多次挺过差点儿就要还钱的困境，顺利地等到了 2019 年年初的快速上涨。配合着各种题材的炒作，蓝标转债的价格一举冲高到了 144 元。

2019 年 9 月 9 日，蓝标转债成功地满足了强赎条件，发布了强赎公告。

大股东可以自豪地说——靠着自己的努力，“借钱不还”的目标完美达成了。

蓝标转债的一生，绝对称得上是传奇的一生。

4.1.4 大股东最懒惰的可转债——江南转债

看完了大股东最积极的正面典型，再来看一看大股东最懒惰的反面典型——江南转债（113010）。

其实在写这一小节的时候，阿秋有点犹豫，毕竟市场上不管是正面典型还是反面典型，其实都挺多的。之所以选择蓝标转债和江南转债，第一是它们的确符合这个典型的条件，更重要的一点是，它们都是阿秋本人亲自参与并且操作过的可转债。阿秋对它们认真研究过，自然感情更深一些，了解得更清楚一些，并且相关的策略分析和操作记录都会在后面的章节中详细展开。

相信有这样的详细分析和实操案例，一定能帮助大家真正地走进可转债，了解可转债。

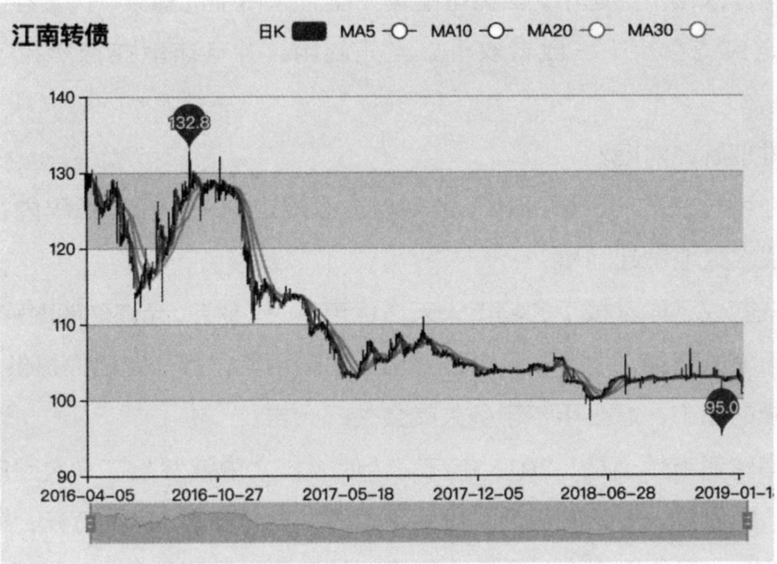

图 1-11 江南转债（113010）日 K 线走势图

江南转债的正股江南水务（601199），也是一个根正苗红的国资企业。

江南转债的开局也红过，2016 年 4 月上市的时候，首日就达到了 130 元的价格。

然而随着熊市的来临，江南水务的正股价不断下跌，江南转债的价格也随之持续走低。然后……就没有然后了。

还记得蓝标转债为了不还钱有多拼命吗？

江南转债呢，除了 2018 年 4 月象征性地下修了一点点转股价，就没有别的动作了。

最关键的是，不知道是哪个天才给江南水务董事会提出的建议，江南转债设置了一条“无限回售条款”。

什么是无限回售条款呢？

前面讲解蓝标转债的时候说过，如果触发了回售条款，大股东必须无条件还钱给债权人，所以大部分公司对于可转债的回售条件都比较严格——比如特定的价格、特定的时间、特定的回售次数。一般来说都是1年只能回售1次。

就像你家楼下的超市，虽然可能隔三差五送你个优惠券、代金券什么的，但是限定只能在双十一或者双十二当天使用，并且店里存货卖完了活动就截止。

不难理解，对吧?

可江南转债的“无限回售”条款是这么规定的——在自然年内，债权人可以不限次数地发起回售。

这就变成了你家楼下的超市天天送优惠券、代金券，允许你随时购买使用，并且还不限量购买，你想买多少，哪怕从全国调货，都一定给你提供。

这样的超市，想必用不了多久就会关门大吉。

江南转债当然也是。2018年江南转债1年之内就发起了5次回售，每一次都还给了债权人海量的资金。最后因为债券存量不足3000万元，触发了强赎退市条款，只能以还本付息这个保底型结局作为最终结局。

如果说蓝标转债的大股东脸上写着“打死都不还钱”的话，江南转债的大股东脸上一定写着“我一点都不差钱，快来找我还债吧”。

一天一地，一冰一火，可转债的市场真是其乐无穷。

阿秋选取了4只典型的可转债来组成这一节内容，是希望能够以真实的历史，让大家亲身体验一下可转债市场。

事实上，目前市场上存续的将近200只可转债，这样的故事每一天都在上演。

期望大家早日加入其中，亲身体验这样的精彩故事。

阿秋还想告诉你的是，无论发生哪一种情况，只要我们使用对应的策略，就可以从可转债市场里赚到钱。

可转债是一个内涵非常丰富的投资品种，它对应的操作手法从来就不止一种。

如果有人告诉你“投资可转债只掌握一个套路就对了”，你大可认为对方要不就是一个活在过去时代的古董型投资者，要么就是一个对可转债研究不深入的路人型投资者。

4.2　可转债的整体收益

这一节把目光放得更远一些，来看看整个可转债市场的收益数据。

阿秋会从两个方面来展开这一节的内容——可转债指数和可转债基金。

4.2.1　可转债指数

首先阿秋要给大家推荐一个可转债数据网站——富投网（www.richvest.com）。

富投网收录了相当全的可转债数据，并且提供各种简单易用的数据图表，以方便可转债投资者学习。更重要的是，目前富投网是一个公开、免费的数据网站，这对于广大可转债投资者来说是一个巨大的福利。

那么，什么是可转债指数呢？

要明白可转债指数是什么，需要先弄明白什么是指数。

回忆一下，上学的时候，每次考试之后，全班的平均分是怎么计算出来的？是不是把所有人的分数加起来，然后再除以班级总人数？这个班级平均分，就可以看作是一种特殊的指数，它能够反映班级总体的成绩水平。

在证券市场中，也有很多大大小小的金融数据公司，它们利用类似但是更为高级的方法，编写证券市场的各种指数，例如沪深 300 指数、中证 500 指数、上证 50 指数等。

使用指数，可以反映标的物的整体价格水平。

可转债指数也是这样的。

也就是说，**可转债指数能够以最大可能性展示可转债市场的整体走势情况**。

将可转债指数与沪深 300 指数放在同一张图表中进行对比，就可以近似评估可转债市场与 A 股市场的走势差异。

在富投网编撰的这张可转债指数走势图中，记录了从 2002 年至今的可转债市场走势数据及 A 股走势数据。

很明显，可转债市场大幅跑赢了 A 股市场。

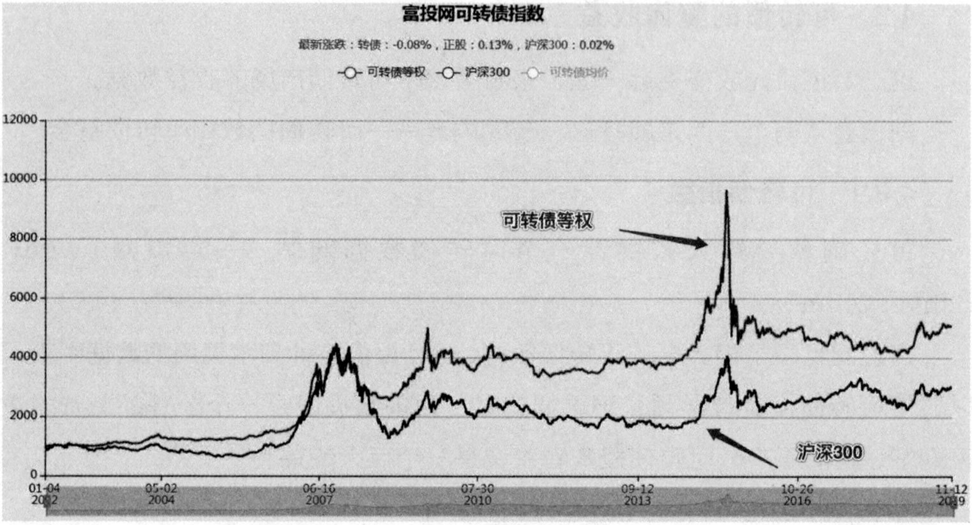

图 1–12　富投网可转债指数走势图

那么，可转债在不同的历史时期表现如何呢？

以 2007 年的牛市顶峰与 2015 年的牛市顶峰作为标记点位，阿秋将长达 17 年的时间分为这样几段。

① 2002.1–2005.11　　熊市底部

② 2005.11–2008.1　　牛市上坡

③ 2008.1–2008.11　　牛市下坡

④ 2008.12–2014.1　　熊市底部

⑤ 2014.1–2015.6　　牛市上坡

⑥ 2015.6–2016.2　　牛市下坡

⑦ 2016.2– 至今

由于⑦是当前正演进的历史时期，它究竟是个什么时期很难界定，所以以下分析暂时剔除这个时间段。

按照这个时间轴分割之后，可转债指数走势图就变成了图 1–13 这样。

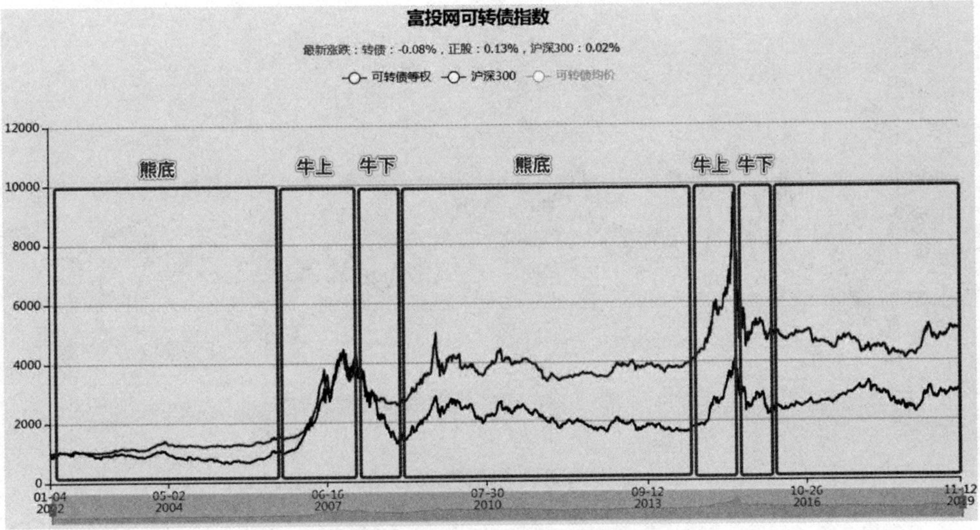

图 1–13 富投网可转债指数分区图

首先选取①④这两个时间段，它们作为熊市底部区间，这两个时间段具有一个相似的特征——在底部区间反复震荡。

那么可转债在熊市底部区间表现如何呢？

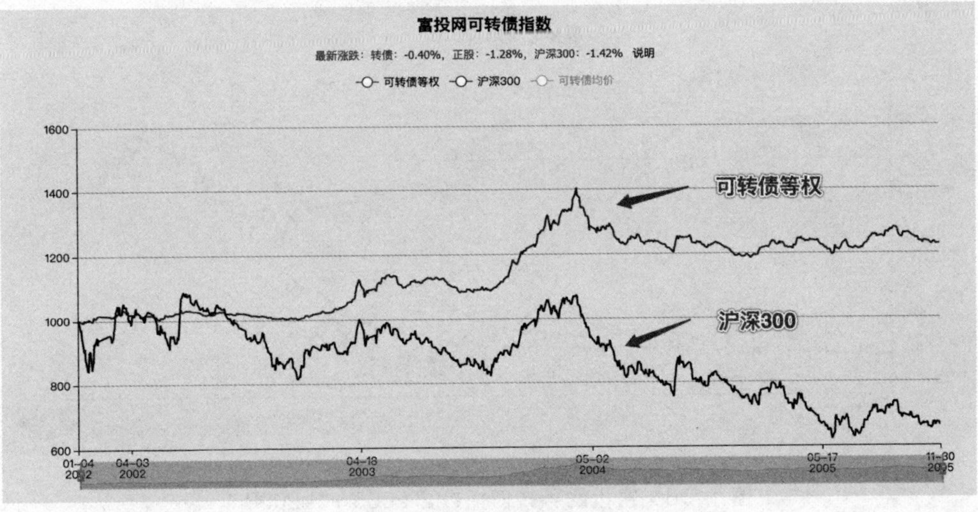

图 1–14 富投网可转债指数① 2002.1–2005.11

图 1-15　富投网可转债指数④ 2008.12-2014.1

结论：在①与④这两个熊市底部，可转债指数走势都取得了最终的胜利。另外，随着股市的深度下跌，可转债由于其债性保底，可以说走势明显较强。

接着选取牛市上坡的两个时间段②和⑤，这两个时间段的特征就是在短时间内资产价格快速上升。

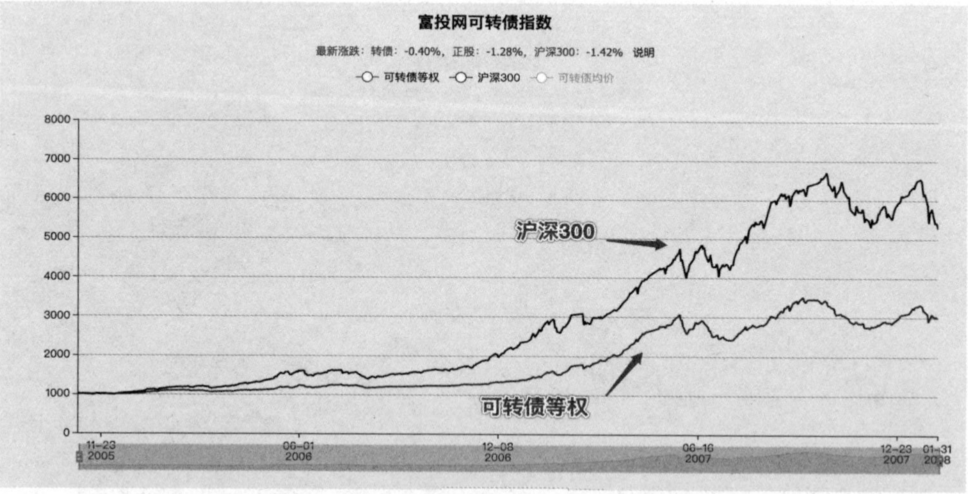

图 1-16　富投网可转债指数② 2005.11-2008.1

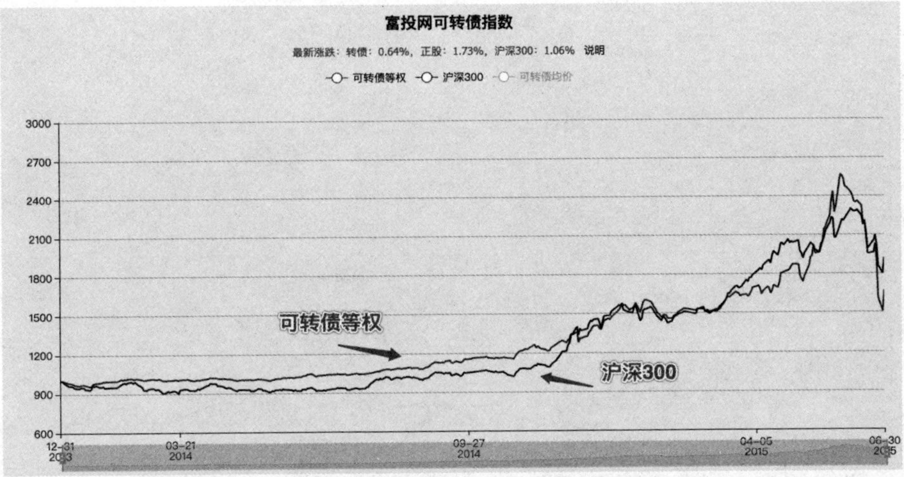

图 1-17　富投网可转债指数⑤ 2014.1-2015.6

结论：在两次大牛市的上坡过程中，可转债在 2007 年的牛市未能跑赢沪深 300 指数，但是在 2015 年的牛市中，几乎保持了和沪深 300 指数一致的上升姿态，最后还微微地跑赢了沪深 300 指数。

最后，选取牛市下坡的两个时间段③与⑥。与牛市上坡相反，这两个时间段的共同特征是在短时间内资产价格快速下跌。

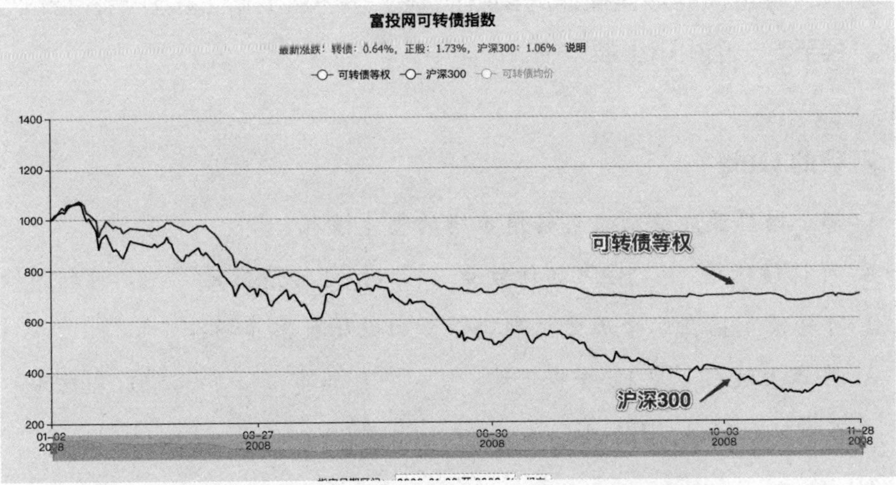

图 1-18　富投网可转债指数③ 2008.1-2008.11

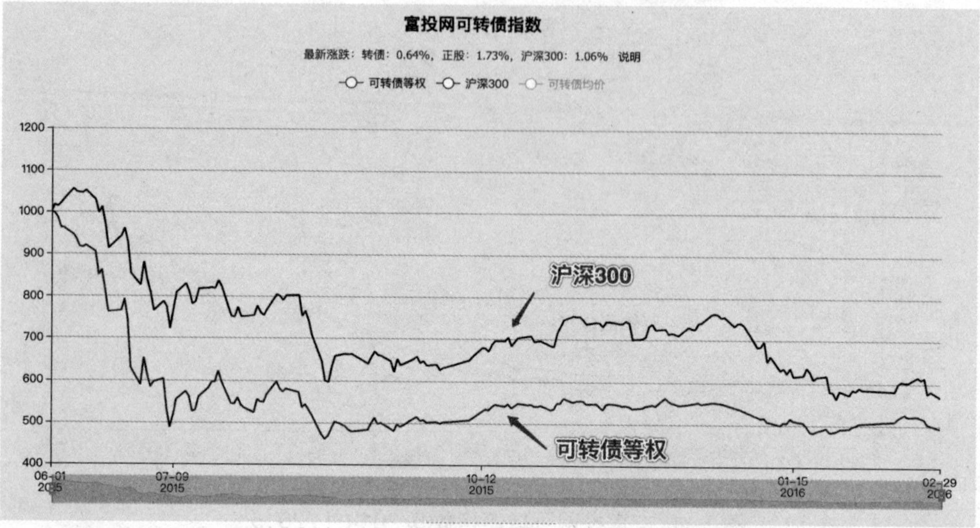

图 1-19　富投网可转债指数⑥ 2015.6-2016.2

结论：在两次大牛市的下坡过程中，可转债在 2007 年的牛市下坡中走势完胜沪深 300 指数，在 2015 年的牛市下坡中走势小幅输于沪深 300 指数。

经过对上面 17 年历史数据的具体分析，可以初步得出——可转债在熊市大赢，在牛市上坡时期小输，在牛市下坡时小赢这样的结论。

那么，可转债的最佳操作时期就明确了——从牛市下坡开始，持续整个熊市，直至下一个牛市上坡来临。

阿秋的 Quiz

1. 哪个指标最能够反映可转债市场的整体情况？

A. 可转债价格　　B. 可转债数量　　C. 可转债指数　　D. 可转债峰值

2. 可转债市场在哪个历史时期能够全面碾压股票市场？

A. 牛市上坡　　B. 牛市下坡　　C. 熊市　　D. 震荡市

（答案　1. C　　2. C）

4.2.2　可转债基金

目前，可转债市场里比较著名的 4 只可转债基金是中欧可转债债券（004993）、兴全可转债混合债券（340001）、易方达安心回报债券（110027）、长信可转债债券（519977）。

这 4 只可转债基金近 1 年的收益率如表 1–1 所示。

表 1–1　天天基金网 4 只可转债基金收益比较表

阶段收益	110027 易方达安心回报债券	519977 长信可转债债券	340001 兴全可转债混合债券	004993 中欧可转债债券
成立日期	2011-06-21	2012-03-30	2004-05-11	2017-11-10
今年来	11.67%	11.56%	12.23%	19.16%
近1周	-1.16%	-1.25%	-1.80%	-1.65%
近1月	-0.61%	-0.21%	-0.15%	-0.42%
近3月	1.63%	1.16%	2.47%	3.58%
近6月	6.04%	5.83%	7.25%	12.28%
近1年	8.74%	5.20%	8.95%	15.53%

为了让大家更多地了解可转债基金的内容，这 4 只可转债基金的风格阿秋都捡个儿点评一下。

中欧可转债债券（004993）

规模 5 亿元的进攻型可转债基金，持仓以平银转债、光大转债、福能转债等银行、能源板块的可转债为主，持仓相对集中，风格略激进，近 1 年的表现非常出色。

兴全可转债混合债券（340001）

规模 44 亿元的稳赢型可转债基金，持仓以平银转债、苏银转债、中天转债等银行、能源板块的可转债为主，持仓相对平均分散，以摊大饼的姿态一直稳赢。

易方达安心回报债券（110027）

规模53亿元的防守型可转债基金，持仓以苏银转债、G三峡EB1、光大转债等银行、能源板块的可转债为主，持仓分散，更多布局防守型资产，稳扎稳打。

长信可转债债券（519977）

规模21亿元的保守型可转债基金，持仓以18中油EB、光大转债、17中油EB等能源、银行板块的可转债为主，持仓相对集中，深度防守到保守的地步，无惊喜也无惊吓。

市面上的可转债基金并不多，但整体收益率都还是不错的。

当然，如果仅看收益率的话，即使是近1年表现最优秀的中欧可转债债券基金，收益也只有15%。阿秋自己的可转债配置组合收益率在24%，力压中欧可转债债券基金。

如果你是一位懒得在投资品类上花费精力的人，那么由成熟资深的基金经理打理的可转债基金，无疑是你最好的选择。

第二章

可转债的要素及条款

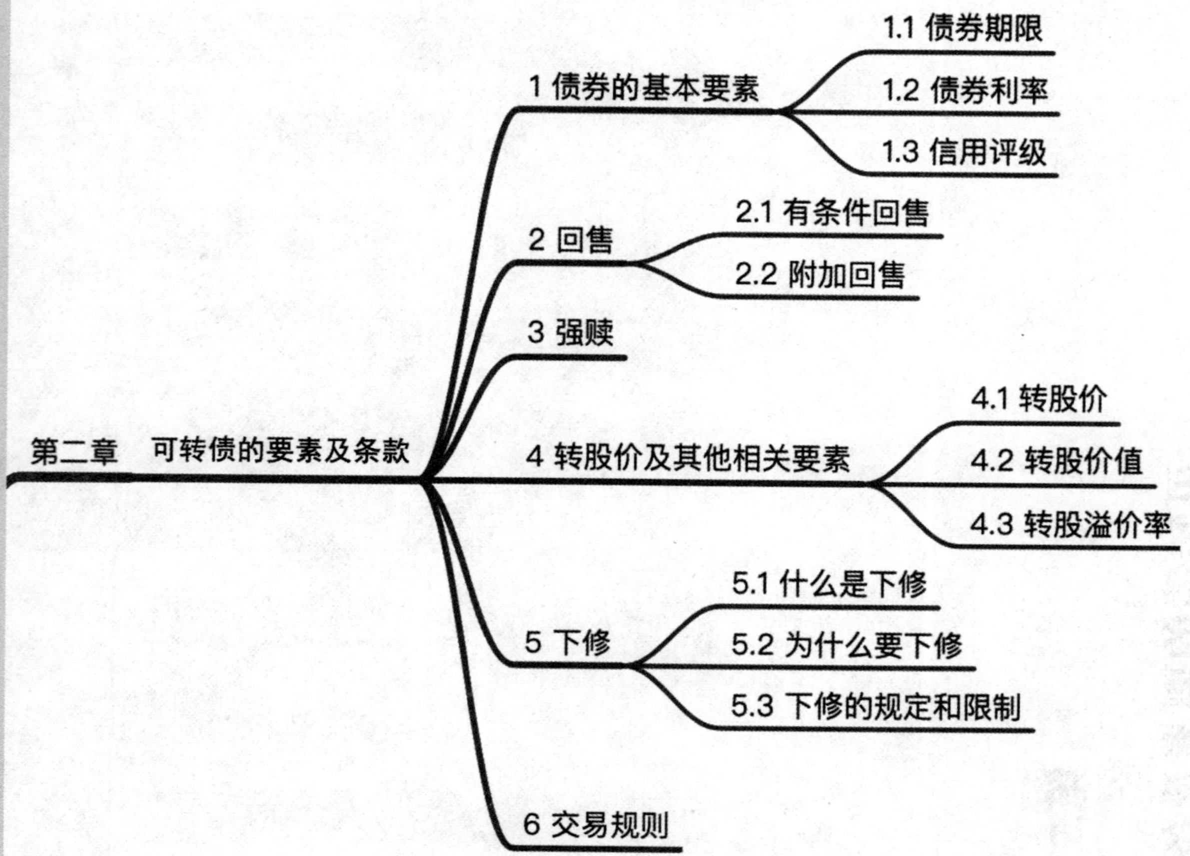
第二章　可转债的要素及条款
1 债券的基本要素
1.1 债券期限
1.2 债券利率
1.3 信用评级
2 回售
2.1 有条件回售
2.2 附加回售
3 强赎
4 转股价及其他相关要素
4.1 转股价
4.2 转股价值
4.3 转股溢价率
5 下修
5.1 什么是下修
5.2 为什么要下修
5.3 下修的规定和限制
6 交易规则

在第一章，阿秋从宏观角度详细地介绍了可转债。在第二章，阿秋将从微观角度继续剖析可转债。

想要了解一个投资品种，没有什么比深入学习它的投资条款及要素更有效的了。这些投资条款及要素，都隐藏在投资标的的公告里了。

大部分投资者对于投资标的公告都是最容易忽视的，然而这些公告里一直都藏着宝。本章阿秋会不断地将各个转债的公告直接贴出来，然后再配合文字进行讲解。

阿秋希望大家不仅能够通过公告学习可转债的条款及要素，更重要的是对未来形形色色的投资标的公告也能够轻松解读。

如果大家在阅读第二章的时候因为复杂的条款字句产生了晕眩（大部分条款的确比较难懂），不要担心，也不需要死记硬背。你只需要对大致内容做到心里有数，在后面的章节里，阿秋将结合大量实例具体讲解这些内容。等遇到实例的时候，大家可以再次重回第二章来温习这些条款，相信理解会更加深刻。

因为可转债的本质是一种债券，所以本章阿秋会从可转债债券这一属性相关的条款及要素开始介绍，然后再过渡到股票这一属性对应的内容。

1. 债券的基本要素

关于什么是债券，前面已经讲过了。

债券是一种规定债务人（也就是借钱的人）向债权人（也就是出借的人）借了多少资金，如何还款的金融契约。

这一节，阿秋会对债券期限、债券利率和信用评级这 3 个最基础的债券要素进行讲解。

1.1　债券期限

债券期限，就是可转债发行的年限，可以简单地理解为一只可转债从发行那天开始最多能够在市场上存续多少年。

目前市面上可转债的债券期限普遍是 6 年。也就是说，从可转债发行的第一天开始，6 年之后，可转债就会到期。假如 6 年间可转债没有因为其他原因退出市场，那么可转债的发行方也就是上市公司，必须在每年的付息日对可转债持有人偿还利息，在第六年可转债到期日时偿还本金，让可转债退出市场。

4、债券期限

本次发行的可转债的期限为自发行之日起6年，即自2019年8月1日至2025年7月31日。

图 2-1　好客转债（113542）发行公告

从好客转债（113542）的发行公告里可以看到，好客转债的债券期限是6年。从2019年8月1日，也就是好客转债发行之日开始算起，到2025年7月31日满6年结束。

1.2　债券利率

上文提到，假如可转债在债券存续期限内没有因为其他原因退出市场，那么可转债的发行方也就是上市公司，必须持续地对可转债持有人偿还利息，直至最后偿还本金。

每年偿还利息的多少，就是该可转债的债券利率。

5、债券利率

第一年为0.4%，第二年为0.6%，第三年为1.0%，第四年为1.5%，第五年为1.8%，第六年为2.0%。

债券到期偿还：本次发行的可转债到期后5个交易日内，发行人将按债券面值的110%（含最后一期利息）的价格赎回未转股的可转债。

图2-2　好客转债（113542）发行公告

从好客转债的发行公告可以看到，从第一年开始，每年好客转债都要向债权人支付利息。第一年付息0.4%，也就是100元的债券会支付0.4元的利息；第二年付息0.6%，也就是100元的债券会支付0.6元的利息……以此类推，第三年支付1元的利息，第四年支付1.5元的利息，第五年支付1.8元的利息，第六年支付2元的利息。

第六年比较特殊，因为这一年除了要偿还第六年的利息，还要偿还本金，所以第六年规定偿还的110元已经包含了第六年的2元钱利息。

是不是有点晕？

没关系，来做个简单的计算，马上就能牢牢地掌握这个小知识。

假如你在发行可转债的时候买入了一张价值100元的可转债，并且这只可转债的债券利率和好客转债的一模一样。

那么在6年期满后，你一共可以从该公司拿到多少钱呢？

6年收到的总金额 = 第六年收到的本金和利息总和 + 第五年收到的利息 + 第四年收到的利息 +……+ 第一年收到的利息

= 110 + 1.8 + 1.5 + 1 + 0.6 + 0.4

= 115.3 元

假如你对计算收益率比较敏感的话，可以立刻估算出该可转债的年化收益率大概在2%左右。

阿秋在早前就说过，可转债属于债券中的特殊品类，几乎没有人会为了这2%左右的年化收益率来购买可转债，大家都是盯着更远大的目标的——“借钱不还”！

但是，可转债的债券利率依旧是一个很重要的要素，它甚至也是某一时段构建可转债配置组合的关键因素。

关于这一点，阿秋把内容讲解放在了第五章。

至于可转债的付息方式等内容，发行公告中都写得明明白白，大家可以通过直接查询公告获得。

（2）付息方式

1）本次发行的可转换公司债券采用每年付息一次的付息方式，计息起始日为可转换公司债券发行首日。

2）付息日：每年的付息日为本次发行的可转换公司债券发行首日起每满一年的当日。如该日为法定节假日或休息日，则顺延至下一个工作日，顺延期间不另付息。每相邻的两个付息日之间为一个计息年度。

3）付息债权登记日：每年的付息债权登记日为每年付息日的前一交易日，公司将在每年付息日之后的五个交易日内支付当年利息。在付息债权登记日前（包括付息债权登记日）申请转换成公司股票的可转换公司债券，公司不再向其持有人支付本计息年度及以后计息年度的利息。

4）可转换公司债券持有人所获得利息收入的应付税项由持有人承担。

图2-3　好客转债（113542）发行公告

阿秋的 Quiz

1. 某转债的发行公告里是这样记录债券利率的：第一年为 0.8%，第二年为 0.8%，第三年为 1%，第四年为 1%，第五年为 1.2%，第六年为 2.0%。本次发行的可转债到期后 5 个交易日内，发行人将按债券面值的 110%（含最后一期利息）的价格赎回未转股的可转债。

请问，持有该转债 6 年到期后，收到的总金额是（　　）元？

A. 106.8　　B. 104.8　　C. 110　　D. 114.8

（答案　1. D）

1.3　信用评级

世界上最早的债券信用评级制度诞生于美国，采用三类九级制——根据发行债券的主体情况以及债券本身的情况，将信用评级从高到低定为 AAA、AA、A、BBB、BB、B、CCC、CC、C，可以额外使用 + 号和 – 号进行微调。A 级债券信誉较高，支付本息不成问题；C 级债券信誉较低，本息损失概率极大。

我国的债券市场也使用了这种评级制度。

截止 2020 年 4 月，我国可转债市场里存续的可转债绝大部分都是 A 级债券，最高的是 AAA，最低的是 B。

可转债的信用评级可以在发行公告里查询了解。

14、信用评级

主体 AA，债项 AA。

图 2–4　好客转债（113542）发行公告

从好客转债的发行公告里可以看到，“主体 AA”也就是发行好客转债的上市公司好莱客 (603898) 是 AA 级；“债项 AA”也就是好客转债的评级是 AA 级。

信用评级并非一直不变，一旦主体及债券本身情况发生变化，信用评级将会被评级机构上调或下调。

联合信用评级有限公司通过对贵公司主体长期信用状况和贵公司公开发行的可转换公司债券进行跟踪评级，确定：

北京久其软件股份有限公司主体长期信用等级为 AA-，评级展望为“稳定”

北京久其软件股份有限公司公开发行的“久其转债”的债券信用等级为 AA

图 2-5　久其转债（128015）2018 年跟踪评级公告

联合评级在对本公司经营状况、行业发展情况进行综合分析与评估的基础上，于2019年6月22日出具了《北京久其软件股份有限公司可转换公司债券2019年跟踪评级报告》，公司主体信用等级为A+，评级展望为“稳定”；同时“久其转债”的债项信用等级为A+。

图 2-6　久其转债（128015）2019 年跟踪评级公告

从久其转债 2018 年及 2019 年的跟踪评级公告里可以看到，久其转债的主体和可转债都在 2019 年从 AA– 级别被降级到了 A+ 级别——这是因为久其转债的正股久其软件（002279）的经营情况发生大幅下滑，所以遭遇了信用评级下调。

信用评级在一定程度上体现了债券的综合情况。

更重要的是，信用评级会很大程度上影响到转股溢价率这一重要要素。这个部分阿秋将在第四章介绍。

阿秋的 Quiz

1. X 转债的信用评级是 A– 级，Y 转债的信用评级是 AAA 级，Z 转债的信用评级是 AA+ 级，这三只转债按照信用评级从高到低该如何排序？

A. YXZ　　B. ZYX　　C. ZXY　　D. YZX

（答案　1. D）

2. 回售

可转债债券属性部分的第一个重要条款登场了——回售。

回售条款一般分为两种——有条件回售和附加回售。

2.1　有条件回售

有条件回售，是指可转债持有人可以在特定条件下，将手中持有的可转债以特定的价格卖回给发行可转债的上市公司，上市公司无权拒绝此项交易。

下面依旧用阿秋家苹果园的故事来讲解。

上次讲到，由于干旱，阿秋家的苹果园损失惨重，各路债主纷纷上门要求偿还债务。虽然后来风调雨顺，苹果园顺利度过危机，但是“打7折都不一定能把钱要回来”的恐惧一直盘踞在小青心头，简直成了一块心病。

小青找阿秋聊了聊，想商量下怎么解决这个心病。

阿秋也是个厚道人，立刻就想出了解决办法。“其实呀，你最担心的就是万一我这个苹果园真的经营不善或者遇到天灾人祸，你借给我的钱最后会有重大损失，对不对？这样吧，我们来个君子协定，不管是经营不善还是遇到水旱灾害，只要我的苹果园还在，我就允许你在约定的时间来找我，我以本金外加一定利息的价格还钱给你。只要你在规定的时间里提出让我还钱，我就必须无条件还钱给你，不能拒绝。”

小青一想，哎哟，这个听上去还不错，于是这个条款被开开心心地加到了两人的借款合同里——这就是有条件回售。

17、回售条款

（1）有条件回售

公司股票在最后两个计息年度任何连续30个交易日的收盘价格低于当期转股价格的70%时，可转债持有人有权将其持有的可转债全部或部分按债券面值加当期应计利息的价格回售给发行人。若在上述交易日内发生过转股价格因发生送红股、转增股本、增发新股（不包括因本次发行的可转债转股而增加的股本）、配股以及派发现金股利等情况而调整的情形，则在调整前的交易日按调整前的转股价格和收盘价格计算，在调整后的交易日按调整后的转股价格和收盘价格计算。如果出现转股价格向下修正的情况，则上述"连续30个交易日"须从转股价格调整之后的第一个交易日起重新计算。

最后两个计息年度可转债持有人在每年回售条件首次满足后可按上述约定条件行使回售权一次，若在首次满足回售条件而可转债持有人未在公司届时公告的回售申报期内申报并实施回售的，该计息年度不应再行使回售权。可转债持有人不能多次行使部分回售权。

图 2-7　航信转债（110031）发行公告

从航信转债的发行公告里可以看到，发行于 2015 年 6 月 12 日的航信转债，在发行公告内约定——在航信转债最后两个计息年度内（**特定的时间**），公司股票在任何连续 30 个交易日的收盘价格低于当期转股价格的 70% 时（**特定的条件**），就可以按照面值加当期应计利息的价格（**特定的价格**）行使有条件回售。

重要内容提示：

- 回售代码：100926
- 回售简称：航信回售
- 回售价格：100.23 元人民币/张（含当期利息）
- 回售期：2019 年 7 月 31 日至 2019 年 8 月 6 日，回售期内可转债停止转股
- 回售资金发放日：2019 年 8 月 9 日
- 本次回售不具有强制性，本次回售价格为 100.23 元人民币/张（含当期利息），但在本次发行的可转债期满后五个交易日内，本公司将以发行的可转债的票面面值的 107%（含最后一期利息）向投资者赎回全部未转股的可转债。
- 根据《募集说明书》，航信转债已触发转股价格调整的条件，公司董事会有权根据实际情况提出转股价格修正方案，并在履行法定决策程序后实施转股价格调整。

航天信息股份有限公司（以下简称"公司"）的股票自 2019 年 6 月 12 日至 2019 年 7 月 23 日连续 30 个交易日内有 30 个交易日收盘价格低于当期转股价格的 70%。根据公司《募集说明书》的约定，可转债回售条款生效。

图 2-8　航信转债（110031）回售公告

从航信转债的回售公告里可以看到，由于航信转债的正股股票在 2019 年 6 月 12 日至 2019 年 7 月 23 日之间（特定的时间），连续 30 个交易日内有 30 个交易日收盘价格低于当期转股价格的 70%（特定的条件），可转债持有人可按照 100.23 元的价格（特定的价格）行使回售的权利。

回售公告中还详细给出了回售代码、回售期及回售资金发放日等重要信息，强调回售是可转债持有人的权利，可以选择行使或者不行使回售的权利。

当时的情况是，航信转债的转债价格是 107 元，行使回售权利反而是亏损的。

这就像你本来是一位卖白菜的蔬果店老板，最近因为某些原因，白菜突然不好卖了。你之前和菜农有过约定，一旦发生这种情况，菜农就必须按照 1.0023 元 / 每斤的价格回收你手里所有的白菜。但过了几天，当菜农来你店里收白菜的时候，白菜又突然好卖了，市场价格涨到了 1.07 元 / 斤。你会选择把白菜按照 1.0023 元 / 斤的价格让菜农回收走吗？当然不会啦，不然你每斤白菜都要亏损 1.07−1.0023 = 0.0677 元，不是吗？

有条件回售也是这样。上市公司按照约定的价格进行可转债的回售，假如此时可转债的市场成交价格高于回售价格，可转债持有人当然可以选择不进行回售。

阿秋的 Quiz

1. X 转债触发了有条件回售条款，回售公告中明确回售价格是 102 元，此时 X 转债的价格是 105 元，请问该转债的持有人应该行使回售权利吗？

A. 应该　　B. 不应该

（答案　1. B）

2.2　附加回售

附加回售的意思就是，假如上市公司通过可转债募集到的资金用途与公

司在募集说明书中承诺的情况发生了重大变化，可转债持有人可以享有一次回售的权利。

这就好像阿秋从小青那里借到了钱，并且约定这笔钱只能用于苹果园，但阿秋却没有把钱投入到苹果园的经营中，而是转手去投资了一块西瓜地，这就属于资金用途发生了变更，也就触发了附加回售条款，小青拥有了一次让阿秋立刻还钱的权利。

特别提示：

1、回售价格：100.1849 元/张（含当期利息、税）

2、回售申报期：2019 年 2 月 1 日、2019 年 2 月 11 日至 2 月 14 日

3、回售资金到账日：2019 年 2 月 21 日

北京蓝色光标数据科技股份有限公司（以下简称“公司”）于 2018 年 12 月 28 日召开的第四届董事会第三十一次会议，2019 年 1 月 30 日召开的 2019 年第一次临时股东大会及“蓝标转债”2019 年第一次债券持有人会议，审议通过了《关于变更部分可转换公司债券募集资金投资项目的议案》。根据《公开发行可转换公司债券募集说明书》（以下简称“《募集说明书》”）的约定，“蓝标转债”的附加回售条款生效。现将“蓝标转债”回售有关事项公告如下：

图 2-9　蓝标转债（123001）回售公告

从蓝标转债的回售公告里可以看到，由于蓝标转债的上市公司蓝色光标变更了蓝标转债募集资金的用途，因此触发了附加回售条款。蓝标转债的持有人可以按照 100.1849 元的价格行使回售的权利。

如果大家还记得阿秋在第一章中讲到的“大股东最积极”的蓝标转债，那么接下来发生的故事你就不会感到意外。

由于蓝标转债大股东的努力，虽然附加回售条款被触发，但此时蓝标转债的价格已经被抬升到了 103 元左右。因此这次附加回售并没有太多持有人行使回售权，让蓝标转债提前还钱，蓝色光标算是有惊无险地维持住了蓝标转债大股东“借钱不还”的局面。

回售条款是一般债券都会拥有的条款，目的就是在债券发生不利的情况下，尽量保护债权人的利益。

当然，各个可转债的回售条款会有一些细微的不同，比如不同的回售开始时间，不同的触发条件，不同的回售次数限制等。

特别需要注意的是，有一些可转债没有设置回售条款。

这也是阿秋不断强调一定要认真仔细阅读发行公告的原因。

关于回售的介绍就到这里。作为可转债的兜底条款，在可转债这样的小众市场里，回售往往会产生意想不到的操作空间。这一点阿秋将在第六章的回售组合以及第七章的套利操作中，结合自己的实战经历做详细的讲解。

阿秋的 Quiz

1. 发生以下哪种情况，可转债会触发附加回售？

A. 经营不善　　　　　　B. 上市公司被收购

C. 改变募集资金用途　　D. 公司被证监会处罚

（答案　1. C）

3. 强赎

接下来，可转债债券属性部分的第二个重要条款登场了——强赎。

强赎是“强制赎回”的简称，也叫提前赎回。它是一种区别于到期赎回（也就是持有债券到期还本付息）的特殊赎回条款。

强赎是指在满足特定条件的情况下，可转债的发行人也就是上市公司，可以按照特定的价格强制从可转债持有人手中提前赎回已发行的可转债。

强制从可转债持有人手中提前赎回？乍一听怎么像流氓条款呢？上市公司还能从可转债持有人手里强抢可转债吗？

其实并不是这样的。

首先，满足特定条件下，强赎才能被触发。这个条件一般有两种。

一种是可转债余额不足 3000 万元时，强制赎回就会被触发。这是因为此时可转债的规模已经非常小，不足以在市场上存续。

需要特别注意的是，可转债的买卖并不会导致可转债的规模缩小，因为你能够卖出去，就意味着市场里有人接了你的盘。只有转股以及回售才会导致可转债的规模缩小。关于这一点，在之后学习了可转债股票属性部分的要素之后，会更容易理解。

另一种会触发强赎的条件，是在转股期内，正股价格需要满足特定的时间条件和价格条件。

平时说的强赎一般是指后一种情况，所以接下来就重点介绍这一种。

还记得阿秋的苹果园吗？经过阿秋的不懈努力，苹果园的面积实现大幅扩张，截至目前已经扩张了 30%。对于阿秋来说，苹果园成了一种相对富余的资源。在这种情况下，阿秋也更希望用苹果园而不是用现金来偿还小青的债务。

这个时候，阿秋特别担心小青到时候不要苹果园，而是非要拿回现金。为了达到自己“借钱不还”的目的，阿秋动了下脑子，搞出了强赎这个招数。

阿秋告诉小青，现在苹果园已经扩张到 130% 了，相当于小青借给自己的 100 万元也涨价涨到了 130 万元。假如在未来 1 个月内，小青没有把手里的借条直接兑换成苹果园的面积，或者找到另外一个债主来接手借条的话，阿秋就会以 100 万元 + 利息的价格强制把借条给收回去。

这就等于阿秋逼着小青把借条换成苹果园，或者是将借条卖给别的债主。

回到可转债，上市公司设置强赎条款并且发起强赎，目的也是为了让可转债持有者赶快将手中的可转债转成股票或者直接卖掉，从而达到“借钱不还”的目的。

一般来说，特定的时间条件是指“连续 30 个交易日中至少有 15 个交易日”，而特定的价格是指“正股收盘价不低于当期转股价的 130%”。各个可转债强赎条款中的时间条件和价格条件可能会有不同，具体以发行公告为准。

当强赎发生的时候，由于价格条件满足，此时可转债的成交价格一般都是在 130 元及以上（条款中规定是不低于转股价的 130%，为什么这里阿秋会写可转债的价格一般在 130 元及以上，这部分内容在下面“转股价值”一节学习完毕之后大家就会了解）。

你可以直接卖掉可转债，也可以将可转债转换成股票。不管选择哪一种，大股东都不用还给你债券的本息了，而你也将利益落袋为安或者拥有了股票，这是一种双赢的美好局面。

从平银转债的发行公告里可以看到，发行于 2019 年 1 月 21 日的平银转债，在发行公告内约定——在平银转债的转股期内（特定的时间），如果正股在连续 30 个交易日中至少有 15 个交易日的收盘价不低于当期转股价格的 120% 时（特定的条件），上市公司就可以按照面值加当期应计利息的价格（特定的价格）行使强赎。

2、有条件赎回

在本次发行可转债的转股期内，如果发行人 A 股股票连续三十个交易日中至少有十五个交易日的收盘价格不低于当期转股价格的 120%（含 120%），经相关监管部门批准（如需），发行人有权按照债券面值加当期应计利息的价格赎回全部或部分未转股的可转债。若在上述交易日内发生过因除权、除息等引起发行人转股价格调整的情形，则在调整前的交易日按调整前的转股价格和收盘价格计算，在调整后的交易日按调整后的转股价格和收盘价格计算。

此外，当本次发行的可转债未转股的票面总金额不足人民币 3,000 万元时，发行人有权按面值加当期应计利息的价格赎回全部未转股的可转债。

图 2-10　平银转债（127010）发行公告

和回售类似，当回售条款被触发的时候，可转债的持有人可以选择回售或者不回售，而当强赎条款被触发的时候，上市公司也可以选择强赎或者不强赎。

特别提示：

1、“平银转债”赎回登记日：2019 年 9 月 18 日

2、“平银转债”赎回日：2019 年 9 月 19 日

3、“平银转债”赎回价格：100.13 元/张（含当期应计利息，当期年利率为 0.2%，且当期利息含税）

4、投资者赎回款到账日：2019 年 9 月 26 日

5、“平银转债”停止交易和转股日：2019 年 9 月 19 日

6、截至 2019 年 9 月 18 日收市后仍未转股的“平银转债”将被强制赎回，本次赎回完成后，“平银转债”将在深圳证券交易所摘牌。

7、“平银转债”持有人持有的“平银转债”存在被质押或被冻结的，建议在停止交易日前解除质押或冻结，以免出现因无法转股而被强制赎回的情形。

风险提示：本次可转债赎回价格可能与“平银转债”停止交易和转股前的市场价格存在较大差异，特别提醒持有人注意在限期内转股。如果投资者不能在 2019 年 9 月 18 日收市前自行完成转股，可能面临损失，敬请投资者注意投资风险。

图 2-11　平银转债（127010）强赎公告

从平银转债的强赎公告里可以看到，由于平银转债的正股平安银行

（000001）满足了强赎条件，上市公司将按照 100.13 元的价格（特定的价格）行使强赎的权利。

强赎公告中还详细给出了强赎登记日、赎回日、回款到账日、停止交易和转股日等重要信息，还特别进行了安全警示——提醒投资者强赎结束后平银转债将“功成身退”。

可以说只要你愿意花时间认真阅读公告，你想知道的信息其实公告里全都有。

强赎的触发是以上市公司发布强赎公告开始的，直到强赎最后执行完毕，大约会有 1 个月的时间。在这期间，上市公司会无数次地在交易所内发布公告提醒广大投资者。

假如你真的是个马大哈，持有的可转债已经达到 130 元以上并且触发了强赎，而你没有注意到，那么抱歉，最后你的可转债真的会以 100 元出头的价格被上市公司赎回，没有办法要回来哦。

其实，不止普通散户可能会“马大哈”，就连基金经理也会“马大哈”。历史上曾经发生过多起基金因为可转债强赎导致的乌龙事件——基金持仓的某转债因为满足条件而触发了强赎条款，基金经理及团队忽视了强赎公告，直到最后可转债真的被强制赎回了，才发现这个致命错误，最终导致巨大亏损。

当然，大家也不用为此特别紧张，每天都去查看可转债持仓，害怕今天没看到强赎公告，明天持有的转债就“被强赎”了。阿秋在上面也讲了，首先触发强赎的条件，就需要至少 1 个月以上的时间（30 个交易日一般是 1 个半月）；其次，触发强赎条款后，上市公司会发布强赎公告。在公告发布之后，还有大约 1 个月的时间留给可转债持有人转股或者卖出。

时间足够长，大家不用担心“被强赎”——如果你两个月内至少检查一次持仓的话。

基于强赎条款的各种实际操作，将在后面的第五章、第七章中有更多介绍。

阿秋的 Quiz

1. 大股东为什么要设置并且行使强赎条款？

A. 为了提高营收　　B. 为了降低债务风险

C. 为了改善股权结构　　D. 为了“借钱不还”

2. 一般来说，当可转债达到什么价格并且满足特定时间条件之后，会触发强赎条款？

A. 120　　B. 130　　C. 110　　D. 100

（答案　1.D　2. B）

4. 转股价及其他相关要素

介绍完可转债债券属性部分的所有要素和条款，接下来就该进入到股票属性部分了。

本节将出现一些简单的数学公式和计算，希望大家能够集中精力跟紧阿秋，别掉队哦。

4.1　转股价

可转债，重点就在一个“转”字上。和这个“转”字息息相关的，就是转股价这个最重要的要素。

所谓转股价，就是将可转债转换为股票时，需要为每一股股票支付的价格。

再来看一下阿秋家苹果园的故事。

之前阿秋和小青商定，阿秋向小青借 100 万元，最终希望用苹果园的面积来偿还小青。那么对于小青这个债主而言，没有什么比确切地知道究竟这 100 万元能换回多少苹果园面积更重要的事情了。

这个兑换比例，在小青这里就是“转苹果园价”。

假如阿秋跟小青约定，每 1 万元能换 1 平方米苹果园，也就是“转苹果园价”是 1 万元 / 平方米，那么小青立刻就知道，自己的 100 万元将来能够兑换到 100 万元（借条总额）÷1 万元 / 平方米（“转苹果园价”）=100 平方米的苹果园；假如阿秋跟小青约定了，每 10 万元才能够换 1 平方米苹果园，也就是“转苹果园价”是 10 万元 / 平方米，那么小青最后只能兑换到 100 万元 ÷10 万元 / 平方米 =10 平方米的苹果园。

转股价也是这样的。

大家已经知道，转股价是在可转债发行的时候就已经写在了发行公告里的。也就是说，从可转债发行那天开始，你买的每 1 张可转债能够转换成多少股票就已经确定了。

总结成公式就是：

每张可转债可转股数量 = 可转债面值 ÷ 转股价

假如某可转债的转股价是 10 元，也就意味着未来这 1 张可转债可以兑换 100（可转债面值）÷10（转股价）=10 股的股票。

（1）初始转股价格的确定依据

本次发行可转换公司债券的初始转股价格为 16.62 元/股。本次发行的可转换公司债券初始转股价格不低于募集说明书公告日前二十个交易日公司 A 股股票交易均价（若在该二十个交易日内发生过因除权、除息引起股价调整的情形，则对调整前交易日的交易均价按经过相应除权、除息调整后的价格计算）和前一个交易日公司 A 股股票交易均价。

前二十个交易日公司 A 股股票交易均价=前二十个交易日公司 A 股股票交易总额/该二十个交易日公司 A 股股票交易总量。

前一个交易日公司 A 股股票交易均价=前一个交易日公司 A 股股票交易总额/该日公司 A 股股票交易总量。

图 2-12　好客转债（113542）发行公告

从好客转债的发行公告里可以看到，好客转债的转股价为 16.62 元，因此可以计算出，每 1 张好客转债可以转换为 100÷16.62=6 股好莱客（603898）的股票。

另外，从发行公告中还能看到，转股价并不是大股东拍拍脑袋随便定的，它是一个经过详细计算制定的标准。关于制定转股价这个标准的详细介绍，阿秋将放到下修这一节中来讲解。

阿秋的 Quiz

1. 某转债的转股价是 40 元，请问每张该可转债可以转换成多少股正股股票？

A. 40　　B. 2.5　　C. 0.25　　D.4

（答案　1.B）

4.2　转股价值

还是先来聊一聊阿秋的苹果园。阿秋和小青约定所谓的“转苹果园价”之后，其实小青心里就可以算一笔账了。

假如“转苹果园价”已经确定是 1 万元 / 平方米，也就是说如果一切顺利，小青最后会得到 100 平方米的苹果园。苹果园在当地是有非常明确的市场价的，大约是 1.3 万元 / 平方米，所以小青立刻就可以算出，她借给阿秋的这 100 万元，目前实际上的价值是 100 万元 ÷1 万元 / 平方米 ×1.3 万元 / 平方米 = 130 万元。

转股价值也是这样计算的。

约定好转股价之后，每张可转债可转股的数量就已经确定了，因为正股是有明确的市场价的，所以可以立刻用每张可转债可转股的数量乘以正股价格，就得到了转股价值。

转股价值的计算公式是：

转股价值 = 每张可转债可转股的数量 × 正股价

=（可转债的面值 ÷ 转股价）× 正股价

假如某可转债的转股价是 10 元，正股价是 13 元，那么转股价值就是（100÷10）×13=130 元。

上一节中，已经在好客转债的发行公告中找到了转股价，计算出了 1 张好客转债可以转换为 6 股好莱客股票。假如此刻好莱客的股价是 15.18 元，那么好客转债的转股价值就是 6×15.18=91.08 元。

转股价值是一个重要的中间变量，它的具体应用将在转股溢价率中体现。

阿秋的 Quiz

1. 某转债的转股价是 40 元，此刻该转债的正股价是 38 元，请问该可转债的转股价值是多少？

A. 0.95　　B. 105　　C.95　　D. 1.05

（答案　1.C）

4.3　转股溢价率

阿秋跟小青商定了"转苹果园价"之后，小青发现自己借了 100 万元出去，但是手里这张借条居然有了 130 万元的价值。这个消息很快就被镇上的其他人知道了，大家纷纷上门要求收购小青的这张借条。

大家觉得未来苹果园的价格一定还会持续上涨，眼前这张能够兑换 100 平方米苹果园的借条未来会更加值钱。

大家的价格一个喊得比一个高，很快这张借条的价格就被喊到了 140 万元。

小青算了一笔账，现在这张借条的价值只有 130 万元，但是价格已经被炒到了 140 万元，也就说已经有了（140 ÷ 130−1）× 100%=7.69% 的溢价。如果仅从此数据来看，也可以理解为，当前这张借条的价格比它当前的价值高估了 7.69%。这高估的 7.69%，其实就是小镇上其他居民对阿秋家苹果园未来价格上涨的预期。

在可转债中，这个溢价就被称作转股溢价率。

转股溢价率指的就是可转债价格相对于其转股之后价值的溢价水平，也就是此时可转债的价格比转股价值高估多少。

之所以会产生高估，是因为大家觉得未来正股价格还会持续上涨，从而推升转股价值。

转股溢价率的计算公式是：

转股溢价率 =（转债价格 ÷ 转股价值 -1）×100%

=[转债价格 ÷（每张可转债可转股数量 × 正股价）-1]×100%

={ 转债价格 ÷[（可转债面值 ÷ 转股价）× 正股价]-1}×100%

假如某可转债的转股价是 10 元，正股价是 13 元，转债价格是 140 元，那么转股溢价率就是 {140÷[（100÷10）×13]-1}×100%=7.69%。

上一节中，已经通过好客转债的发行公告计算出了好客转债的转股价值是 91.08 元，此时好客转债的价格是 108.45 元，那么好客转债的转股溢价率就是（108.45÷91.08-1）×100%=19.07%。

转股溢价率着重表达的其实就是转债的高估或者低估的问题。

由于转股价值是一个在特定时刻可计算的、准确的数值，根据价格会永远围绕价值波动这一经济学原理，转债价格也会围绕转股价值进行波动。

当转债价格高于转股价值时，转股溢价率为正数，这种情况就代表该转债出现了溢价，这也是最常见的情况——因为转债不仅仅是债券，它还是一个隐含了看涨正股期权的投资品。这就好像面包总是会比面粉贵。

当转债价格低于转股价值时，转股溢价率为负数，这种情况就代表该转债出现了折价，这种情况非常少见。然而，当市场情绪极差时（例如熊市底部阶段、正股突然“暴雷”等），这种情况也是会发生的。

这种时候，就是大家的买入机会。

事实上，除了转股溢价率为负数的时候是机会，假如转股溢价率过低，远低于该信用评级均值或者行业均值的时候，也都是买入的机会。

关于可转债转股套利及低溢价博弈的相关内容，第七章中会有详细的介绍。

除了上面这几个重要指标，可转债还有其他一些很关键的指标，这里不再单列出来进行讲解，之后提及的时候会做解释。

阿秋的 Quiz

1. 某转债的转股价是 40 元，此时转债价格是 99.75 元，正股价是 38 元，请问该可转债的转股溢价率是多少？

A. −5%　　B. 5%　　C.95%　　D. −95%

（答案　1. B）

5. 下修

如果说回售与强赎属于普通债券也拥有的条款，那么下修转股价格这个条款，则是可转债的“独门大杀器”了，阿秋将它放在本章最后压轴出场。

5.1　什么是下修

小青手里的那张借条被热炒之后，小青顺势把借条高价转卖给了别人。接手的人再接再厉，把借条以更高的价格转卖给了下一个人。

小镇里兴起了一股“炒苹果园借条”热。

所有人都认为苹果园的价格会不断上涨，勇创新高。只要苹果园的价格不断上涨，手里的这张借条就会越来越值钱。

就在所有人都做着发财美梦的时候，卫生署突然发布了一则通告——阿秋家的苹果中检测出致癌物质，疑似化肥污染所致。

消息一出来，阿秋家苹果园的价格立刻暴跌到了 0.7 万元 / 平方米。因为“转苹果园价”早就已经规定为 1 万元 / 平方米，所以现在原始成本是 100 万元的苹果园借条，只有 100 万元 ÷1 万元 ×0.7 万元 / 平方米 = 70 万元的价值了，借条的价格自然也跌到了 70 多万元。

所有人都慌了，因为借条是他们花了 100 多万元买来的，现在只值 70 多万元了，这还要人活吗？

阿秋家的大门又被债主们给堵死了。

阿秋很快现身，她遗憾地表示：正在和卫生署积极沟通“致癌苹果”的问题，但是进度非常缓慢。目前苹果园的市场价受到这个消息的影响，短时间肯定是难以恢复到原来的价格的。但是大家手里的借条都是真实的，假如一直持有到期的话，阿秋保证能够按照借条里约定的本金和利息偿还给大家。

债主们不干了，要是他们和小青一样是以 100 万元的价格获得的借条，持有到期还本付息大约可以获得 115 万元的资金，利息虽然极低，但也算保本了。可他们大部分是这波“炒苹果园借条”热的参与者，接手的借条价格基本在 130 万元 ~150 万元之间，这些借条假如真的按照还本付息的方式只偿还 115 万元给他们，那他们的损失将相当惨重。

为了应对这种情况，阿秋决定再次为借条增加条款——向下修正“转苹果园价”，将原来规定的 1 万元 / 平方米的转换价格，修改成 0.5 万元 / 平方米。这样，原始成本是 100 万元的苹果园借条的价值，就恢复到了 100 万元 ÷0.5 万元 ×0.7 万元 / 平方米 = 140 万元，借条的价格也重新回到了 140 多万元。

这一次危机总算是暂时过去了。

5.2 为什么要下修

下修转股价，是大股东遇到股价大幅下跌后力挽狂澜的武器。

大股东使用下修这个权利，直接目的是为了抬升可转债的价格。

之前讲过，转股价这个要素是在可转债发行的时候已经规定好了的，也就是规定了每 1 张可转债可以换到多少正股。

当满足一定条件，一般是股价大跌的时候，可转债持有人不用像普通股票或者债券那样，一旦被套就只能死等着解套，而可以寄希望于可转债的下修条款，让大股东向下修正转股价。

假设一张转债面值是 100 元，之前的转股价是 5 元，也就是每张可转债可以转换成 20 股股票。假如大股东将转股价由 5 元下修至 4 元，那么每张转债就可以换取到 100 ÷ 4=25 股股票。假如正股价格维持 4.5 元不变的话，转股价值就从原来的 100 ÷ 5 × 4.5=90 元，上涨至 100 ÷ 4 × 4.5=112.5 元，该可转债的价格自然也会随着转股价值的提升而上涨。

完成了抬升可转债价格这个直接目的之后，大股东使用下修权利的终极目的就实现了——“借钱不还”。

一旦可转债价格被抬升到了 130 元以上（实际是转股价的 130% 以上），并且满足了特定的时间条件之后，大股东就可以行使强赎条款的权利，“逼”着可转债持有人转股或者卖出可转债。

这一套“下修 + 强赎”组合拳打下来，可转债持仓者借给公司的钱就再也不需要公司还回来了，可转债也就可以光荣地强赎退市了。

5.3　下修的规定和限制

触发下修条款的特定条件是什么呢？要直接去发行公告里查看一下。

14、转股价格向下修正条款

（1）修正权限与修正幅度

在本次发行的可转换公司债券存续期间，当公司股票在任意连续三十个交易日中至少有十五个交易日的收盘价低于当期转股价格的 **80%**时，公司董事会有权提出转股价格向下修正方案并提交公司股东大会表决。

图 2-13　蓝思转债（123003）发行公告

从蓝思转债的发行公告可以看到，蓝思转债下修条款触发的条件是——当公司股票在任意连续 30 个交易日中至少有 15 个交易日的收盘价低于当期转股价的 80% 时，公司董事会有权提出下修并且提交公司股东大会表决。

就像前面说的，当正股股票发生大跌的时候，才会触发下修条款。

既然下修这个武器这么厉害，大股东是不是想把转股价下修到多少就是多少呢？

当然不可以那么任性啦！

首先，初始转股价的设定是有规定的，这一点可以从转股价一节的公告里看到。

其次，下修的转股价并不是由大股东拍脑门决定的，同样也有明确的规定。

上述方案须经出席会议的股东所持表决权的三分之二以上通过方可实施。股东大会进行表决时，持有本次发行的可转换公司债券的股东应当回避。修正后的转股价格应不低于本次股东大会召开日前二十个交易日公司股票交易均价和前一交易日均价之间的较高者。同时，修正后的转股价格不得低于最近一期经审计的每股净资产值和股票面值。

若在前述三十个交易日内发生过转股价格调整的情形，则在转股价格调整日前的交易日按调整前的转股价格和收盘价计算，在转股价格调整日及之后的交易日按调整后的转股价格和收盘价计算。

图 2-14　蓝思转债（123003）发行公告

从蓝思转债的发行公告里可以看到，蓝思转债下修转股价是有限定条件的——修正后的转股价应不低于前 20 个交易日股票交易均价和前一交易日均价之间较高者。蓝思转债的公告中还规定，修正后的转股价不得低于每股净资产值。

上面的公告还详细写明，在满足下修条款的前提下，想要成功下修，必须召开股东大会，经由 2/3 以上的股东表决同意之后才可以实施。持有可转债的债权人无权表决。

有了这些条款，最大程度地保证了股东们的利益。

你想啊，要是转股价被随意调整，就意味着原本只能兑换 100 股正股的可转债，现在可以兑换 200 股、300 股甚至更多股票，这不相当于股票贬值了吗？这对公司股东的权益是一种伤害，特别是中小股东们。为了维护自身的利益，中小股东很有可能反对下修转股价，所以也就有了下修不成功的情况出现。

根据目前的统计数据，下修成功率高达 95%。但是依旧不能忽视那 5% 的公司，在投票环节中没能通过下修提案。比如，2018 年 6 月 26 日召开股东大会想下修转股价的蓝思转债，就未能取得成功。

需要特别注意的是，下修是大股东的权利，但不是义务。也就是说，即使满足下修条件，但是大股东却不一定会发起下修。

一般来说，在可转债明明应该下修转股价，但是大股东却死扛不发起下修或者下修价格不到底或者股东大会未能通过下修议案的原因，有如下几个。

①不差钱，还钱就还钱。

虽然大部分上市公司发行可转债的目的是为了“借钱不还”，但是的确有很多上市公司（其中以国资委背景的公司为主）不差钱，愿意还债，就是不愿意下修，最后选择了回售或者到期赎回这种还本付息的方式。

②大股东未拥有绝对控股权。

上面的内容中提到过，要想下修成功，并不是大股东们投票就行，必须要取得股东大会2/3的同意票才可以。对于那些持股相对来说比较分散，大股东又缺乏绝对话语权的公司来说，想要让下修提案通过，本身就是一件很困难的事，想要让转股价一修到底，算得上是难上加难了。

当然，除了这种主动下修，其实市场里还有一种更常见和普遍的下修——被动调整转股价。这往往是由于正股分红，价格除权导致的，根据发行要求，转股价也要做相应的调整。

每次转股价调整（不管是主动下修还是被动下修），公司都会发布公告。所以不要一看到下修公告，就觉得大股东来帮忙了，首先应该查看一下正股是不是还发布了分红公告。

阿秋曾参与过的下修博弈，将在第七章详细讲述。

阿秋的Quiz

1. 假如某转债的正股价格已经满足了下修条款中规定的价格条件和时间条件，那么大股东是否一定会发起下修？发起下修就一定会成功吗？

A. 不一定；不一定　　　　B. 一定；一定

C. 一定；不一定　　　　　D. 不一定；一定

2. 大股东下修转股价的核心目的是什么？

A. 减轻股东负担，分红双赢　　B. 改善负债结构，提升企业效率

C. 分散金融风险，保本保息　　D. 提升转债价格，“借钱不还”

（答案　1.A　　2.D）

6. 交易规则

在本章的最后一节，阿秋还要花一点点笔墨，简单介绍一下可转债的几条重要交易规则。（本节所记录的交易规则截止更新日期为 2020 年 4 月，最新交易规则请查阅交易所公告。）

① T+0 交易。

目前我国股票市场实行的是 T+1 交易制度，也就是今天买入的股票，要第二个交易日才允许卖出。

但可转债实施的是 T+0 交易制度，也就是今天买入的可转债今天就可以卖出。T+0 交易制度为短线投机者（特别是套利者）提供了很多获利机会。

②无涨跌幅度限制。

股票市场中，不管是打新还是日常交易，股价日内交易都是有涨跌幅限制的，例如日常交易中限制了涨跌幅到达 10% 之后就会触发涨跌停板，无法交易。

可转债在交易日内无涨跌幅度限制，因此出现过很多刺激性的走势。比如东音转债（128043）2019 年 4 月 25 日复牌，价格由前复牌 114.09 元上涨到 171.811 元，日内涨幅为 50.59%，假如有人重仓了东音转债，那么一天的时间他的资产就增值了 50%。

当然，有暴涨就会有暴跌。特别是被各种消息题材炒作到 200 元以上的可转债，往往在快速冲顶之后就会迎来断崖式暴跌。比如特发转债（127008）2019 年 2 月 25 日经历单日暴涨 25% 之后，第二日也就是 2 月 26 日迎来了惨痛的下跌，单日跌幅达到 26%。

在没有涨跌幅度限制的情况下，又是 T+0 交易，阿秋不得不提醒大家——

做可转债日内交易风险极大，千万要小心，切勿盲目跟风炒作。

③临停制度。

虽然可转债没有涨跌停幅度的限制，但是上交所有专门的临时停牌制度（深交所没有）。

在上交所上市的可转债，交易价格当日超过 20% 的涨幅，则停牌半个小时，超过 30%，则停牌到 14:57。

由于深圳交易所无临时停牌制度，所以可转债市场上那些单日暴涨暴跌的转债基本都是深交所“出品”，比如上面提到的东音转债和特发转债。

④委托价格限制。

委托价格限制，指的是投资者向交易所提出的委托买入价格有一定的要求。

如果你还记得阿秋在前面讲过的机场转债乌龙事件，就会明白为什么可转债交易会加入委托价格限制这条规则。为了避免再度出现像机场转债那样以 1 元价格成交的乌龙事件，交易所修正了交易规则，提出了委托价格限制。

其中上交所的可转债委托价格限制是 70 元 ~150 元，深交所的可转债委托价格限制是 70 元 ~130 元。超出这个委托价格限制范围的申请，会被直接当做废单处理，不会进入集合竞价。

这条交易规则，对于某些想要利用交易制度漏洞来浑水摸鱼的投资者来说具有一定作用，普通投资者可以忽略。

本章阿秋和大家一起学习了可转债的要素与相关条款，详细讲解了它们的意思，以及它们是用来干什么的。

附上一个章末的 Quiz，检查一下大家的掌握情况如何。

阿秋的 Quiz

1. 请将下面对应的概念与解释进行连线。

①转债价格　　　转债价格和转股价值的偏离度

　转股价　　　　可转债的内在价值

转股价值	正股和转债的兑换比例
转股溢价率	可转债的市场价
②回售	大股东力挽狂澜的武器，提高可转债价格
强赎	可转债持有人的保命符，保证了可转债的保本付息
下修	大股东“逼”你转股或者卖出可转债的手段

答案 ①转债价格——可转债的市场价

转股价——正股和转债的兑换比例

转股价值——可转债的内在价值

转股溢价率——转债价格和转股价值的偏离度

②回售——可转债持有人的保命符，保证了可转债的保本付息

强赎——大股东“逼”你转股或者卖出可转债的手段

下修——大股东力挽狂澜的武器，提高可转债价格

第三章

可转债投资准备

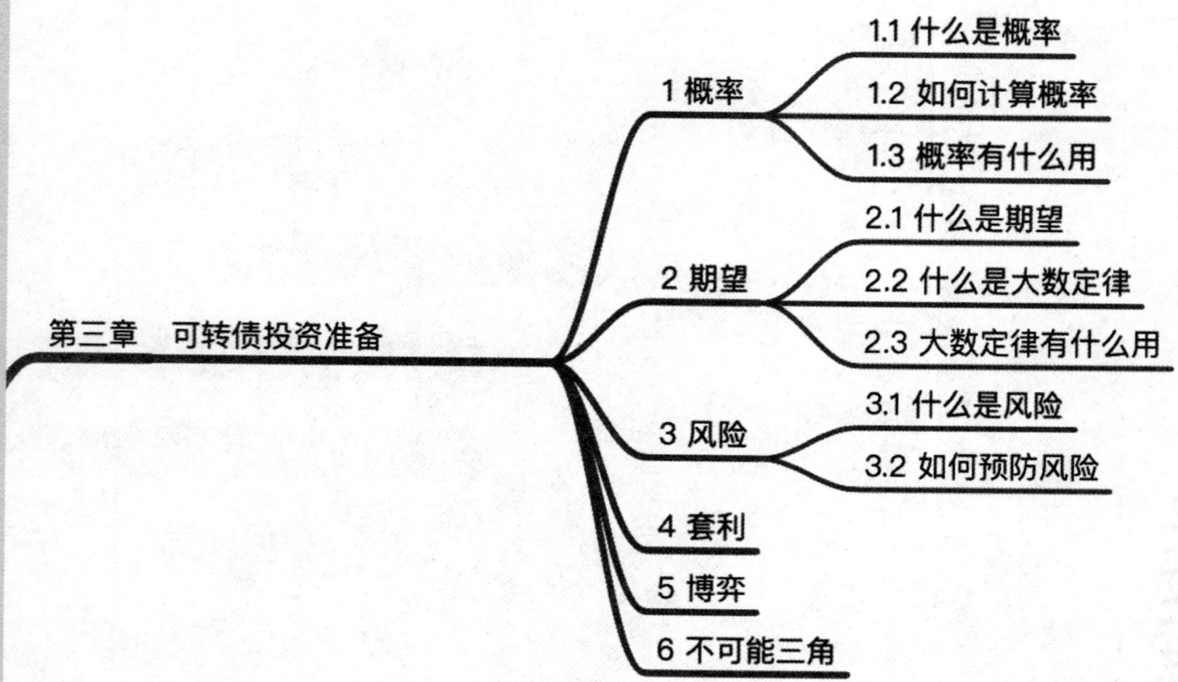
第三章　可转债投资准备
1 概率
1.1 什么是概率
1.2 如何计算概率
1.3 概率有什么用
2 期望
2.1 什么是期望
2.2 什么是大数定律
2.3 大数定律有什么用
3 风险
3.1 什么是风险
3.2 如何预防风险
4 套利
5 博弈
6 不可能三角

通过前面两章讲解，有关可转债的所有理论知识都讲完了。

前面两章的理论知识部分，说白了不过是对可转债的各项条款及公告的解读。因为这些资料都是公开的，所以理论知识部分原则上来说人人都可以掰扯几句，不过就是讲解水平高低的问题。

从第三章开始的所有内容，都算得上是阿秋的独家绝活了——阿秋将带领大家进入每一个可转债操作的具体案例中，复盘所有的投资思路及操作过程，一起分析整个策略的制定依据和内在原理。

希望大家看完这本书之后，能够不再依靠任何人，独立完成可转债的所有投资操作。

不过，在真正进入真实的可转债投资世界之前，阿秋在第三章设置了一个过渡章节，将后续内容中一些很重要的经济学原理、金融概念以及关键计算方法提取出来，以一个个小科普知识的形式汇集起来，方便大家学习。

本章虽然短小，但是内容含量非常丰富，希望大家能轻松愉悦地学完这一章的内容。

1. 概率

人生中最重要的问题，在绝大多数情况下，真的只是概率问题。

——法国数学家 拉普拉斯

1.1 什么是概率

人生就像是一个角色扮演游戏，每个人都在一个名叫“地球”的超大地图上生活着。每天，每个玩家都会从世界频道、国家频道、城市频道、家庭频道里接收各种任务和广播——比如家庭频道里爸爸发布了任务，他希望你能够考取一所名牌大学；比如国家频道突然广播通知，恭喜超级玩家马云登上国家财富风云榜……

为了在这样一个角色扮演游戏中存活下去，游戏初期，你需要合理地分配每天的时间，以便能够用较少的时间积累起更加深厚的知识技能（青年阶段）；游戏中期，你需要让你的时间发挥更大的价值，以换取更多的金钱（中年阶段）；游戏后期，你的体能急速下降，已经不太能吸收更多知识，也无法用时间来换取金钱了，这个时候，前期积累的金钱可以让你活得更久更舒服（老年阶段）。

每一天的每一个决定都是关乎未来的，都是非常重要的。

在今天的 24 小时内，你可能只能选择做唯一的一件事，那么，你怎么知道究竟是做 A 还是做 B 对你的未来帮助更大呢？这种情况下，每个人的脑子都会盘算，希望能够找出对未来帮助可能性最大的那件事。

但是只知道可能性是无法做出判断的。

为了具体化这种可能性，需要用数值来表示这种可能性，这就是所谓的“概率”。

概率就是用数值来表示某件事发生的可能性——100% 代表必然会发生，0% 代表了必然不会发生。

1.2　如何计算概率

概率的计算公式非常简单。

事件 A 发生的概率 = 发生事件 A 可能的个数 ÷ 所有可能的结果总数 × 100%

最简单的就是掷骰子游戏。

一个骰子有 6 个面，也就是说每次掷骰子都有 6 种可能性，那么投出 1 的概率就是 1 ÷ 6 × 100%=16.7%，投出偶数的概率就是 3 ÷ 6 × 100%=50%。

还有，比如我们玩扑克牌，一共 54 张牌。要从一副扑克牌中随便抽 1 张，抽中大王的概率就是 1 ÷ 54 × 100%=1.85%。随便抽 1 张，抽中红桃的概率就是 13 ÷ 54 × 100%=24%。

这些都是最简单的概率，它们简单到不管是发生事件 A 可能的个数，还是所有可能的结果总数，都是可以直接计算出来的。

生活中的很多概率，其实并不能直接计算出来——只能通过统计的方法得到。

比如计算交通肇事逃逸的概率。首先需要从交通局的档案里拿到记录在案的每年肇事逃逸案件的数量，接着还需要用同样的方法拿到每年发生交通事故的总数量，然后再利用概率公式来计算交通肇事逃逸的概率。

稍微复杂一点的概率计算，比如天气预报。首先通过气象卫星和雷达采集大量的天气数据，比如说哪里的云层厚一些，哪里的云层薄一些，再记录气压、气温、湿度等信息。然后通过计算机对这些数据进行分析，就能得出气候及天气变化的规律模型，最后计算机就可以根据这些规律模型来预测未来的天气了。

如果天气预报说今天降雨的概率是70%，那么这句话的意思可以简单理解为——计算机分析了过去很多年的气象资料，找出了跟今天气象数据类似的日期一共有10天。在这10天中，有7天都是下雨的，因此，今天降雨的可能性就是7÷10×100%=70%。

这种靠统计方法得到的概率，能够更加准确地反映客观事实，是我们最希望看到的概率数据——比如著名的“七亏二平一盈”，就较为客观地反映了我国投资市场参与者的盈亏情况。

在投资中，不管是计算得到的概率数据，还是统计得到的概率数据，都是非常重要的。这些数据对策略的制定、执行和优化等方方面面都起到非常大的作用。

在第四章关于可转债打新的内容中，你就能看到阿秋是如何运用统计得到的概率数据来估算可转债上市时的转股溢价率，也能看到阿秋如何运用计算得到的概率数据来估算预期单签收益。

整个投资世界，其实也就是概率的世界。

阿秋的 Quiz

1. 一个存钱罐中有1个1元钱硬币，2个5角钱硬币，3个1角钱硬币，随机从罐子里摇出一个硬币，是1角钱硬币的概率是多少？

A. 50%　　B. 25%　　C. 16.7%　　D. 33%

（答案　1. A）

1.3　概率有什么作用

虽然概率并不会准确地告诉我们将会发生什么，但是通过计算概率，可以知道接下来有可能发生什么，不太可能发生什么。聪明的人会使用概率为自己的事业和生活指明方向——“牛人”就是持续地对大概率事件下注，并同时有意识地预防那些足以毁掉我们生活的风险。

每个人都需要学习并且掌握概率知识。阿秋可以肯定地说，概率已经是现代公民必备的基础知识。当不懂概率的人大惊小怪的时候，懂概率的我们则可以淡定自若。

大多数人在中学的时候已经学习过概率了，但是掌握了计算概率的方法，并不等于真正理解了概率思维。

理解了概率思维，才能够让我们观察世界的眼光发生根本的变化。

2. 期望

当你掌握了概率的概念之后，或许就对人生有了新的看法——万事皆概率。

那么一件事究竟应该不应该做，做了之后收益有多少，损失又有多少呢？

为了解决这个问题，还需要引出另外一个数学概念——期望。

2.1 什么是期望

期望的数学公式是：

$E = A1 \times P1 + A2 \times P2 + \cdots + An \times Pn$

把这个数学公式变得简单一点，那就是：

期望 = 正确的概率 × 相应的奖励 – 错误的概率 × 相应的处罚

这个公式应该如何使用呢？

比如这里有一个掷骰子游戏。如果说投出 5 或者 6 能拿到奖励 150 元，投出其他数字就要惩罚 90 元，这样的一个游戏你会参与吗？

听完游戏规则，你可能一瞬间大脑是空白的。

你应该很清楚，要拿到奖励的条件是投出 5 或者 6，投出 5 或者 6 的概率是 2÷6×100%=33.3%，而受到惩罚的概率是 66.7%，可是得到奖励的金额是 150 元，比惩罚的 90 元高，所以你可能有点懵，不知道应该如何计算是否有利可图了。

使用期望，就可以得到想要的决策建议。

使用上面的公式：

掷骰子游戏的期望＝正确的概率 × 相应的奖励 － 错误的概率 × 相应的处罚

＝33.3% × 150 － 66.7% × 90

＝－10

掷骰子游戏的期望等于 －10 元。也就是说，参与这样一个游戏，假如你参与的次数足够多，那么最终的收益就是 －10 元。也就是说，从概率上来讲，参与这个游戏铁定是亏钱的。

还是这个掷骰子的游戏，如果掷出 5 和 6 就能拿到奖励 150 元，掷出其他数字就要罚款，当罚款是多少的时候，从概率上来讲我们就不会输钱呢？

要想从概率上不输钱，也就是期望最后的计算结果要大于 0。

利用期望的计算公式，它应该是这样的：

33.3% × 150－66.7% ×（相应的处罚）＞ 0

可以计算得出"相应的处罚"＜ 75 元。

也就是说，只有当罚款的金额小于 75 元的时候，这个游戏才值得参与。

期望对于投资来说非常重要。用这种掷骰子的题目来测试，就是为了让大家掂量一下，自己进入资本市场的基本功是不是扎实。

假如你看到这道题，一脸懵懂，毫无思路，感觉陷入了类似高考数学最后几道大题的那种迷雾里，那么阿秋要遗憾地告诉你，你可能不具备在资本市场掘金的能力。

更重要的是，在可转债这个品种的投资里（以及市场各种大大小小的机会里），也会涉及到期望的计算，大家一定要有所准备。

阿秋的 Quiz

1. 一个存钱罐中有 1 个 1 元钱硬币，2 个 5 角钱硬币，3 个 1 角钱硬币，随机从罐子里摇出一个硬币，假如摇出 1 元钱硬币就能得到奖金 6 元，摇出 5 角钱硬币就能得到奖金 3 元，摇出 1 角钱硬币需要罚款 3 元，请问这个摇硬币游戏的期望是多少？

A.1.5 元　　B.1 元　　C.0.5 元　　D.2 元

（答案　1.C）

2.2 什么是大数定律

大数定律的意思是，如果统计的数据量足够大，那么事物出现的频率就能无限接近它的期望。

上一节的各种游戏里，通过计算得到的期望，就能够判断应不应该参与游戏。

期望的本质就是预期收益。

现在让我们一起来玩一个抛硬币的游戏。假如你抛出了正面，就能得到2元钱的奖励，抛出了背面，就要罚款1元钱。

利用期望的数学公式，可以计算出来这个游戏的期望是50%×2−50%×1=0.5，也就是说，如果我们玩游戏的次数足够多，那么最终收益就会无限地接近0.5元钱。

究竟是不是这样呢？

阿秋用Python写了一段计算机代码来模拟这个投硬币游戏。

```
import numpy as np
import pandas as pd
import random
import matplotlib.pyplot as plt

number = 1000
data = np.zeros((number,2))
data_ = pd.DataFrame(data,columns=["抛硬币记录","统计正面次数"])

# 开始抛硬币并且计算期望
for i in range(number):
    data_["抛硬币记录"][i] = random.choice([0,1])
data_["统计正面次数"] = np.cumsum(data_["抛硬币记录"])
data_["正面概率"] = data_["统计正面次数"]/(data_.index+1)
data_["反面概率"] = 1 - data_["正面概率"]
data_["期望"] = data_["正面概率"] * 2 + data_["反面概率"] * -1

# 绘制图表
plt.plot(data_["期望"])
plt.xlabel('Number of throwing coin')
plt.ylabel('expectation')
plt.title('Game Of Coin')
plt.show()
```

图3-1 投硬币游戏代码

当抛硬币的次数是 10 次的时候，你的收益（期望）是图 3–2 这样的。可以看到，收益波动还是挺大的。

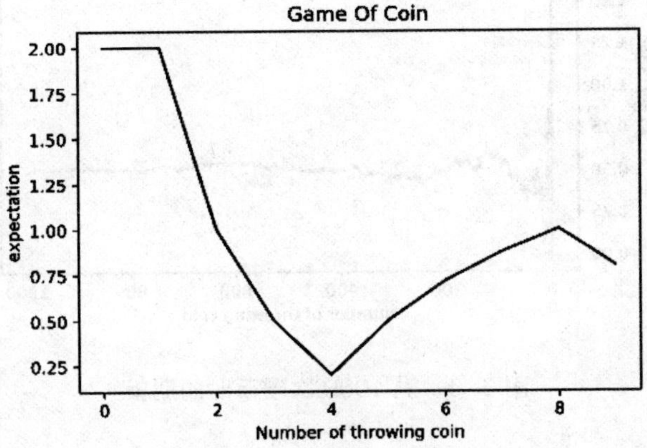

图 3–2　抛 10 次硬币时的期望

当把抛硬币的次数调大到 100 次的时候，你的收益（期望）会变成图 3–3 这样。这个时候你已经发现你的收益开始向 0.5 元（期望）靠拢了。

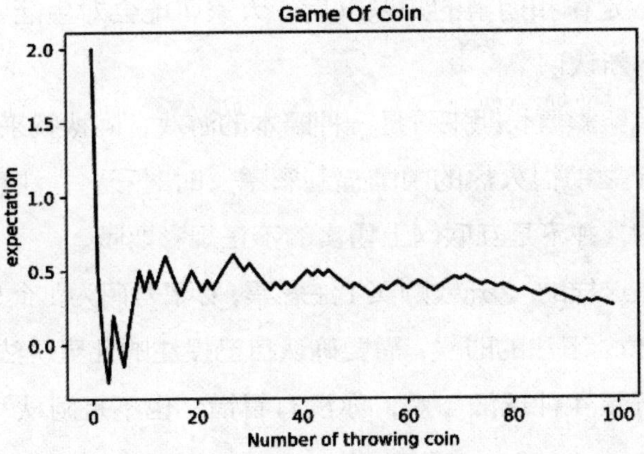

图 3–3　抛 100 次硬币时的期望

把抛硬币次数调大到 10000 次的时候，你的收益（期望）已经无限趋近于 0.5 元。

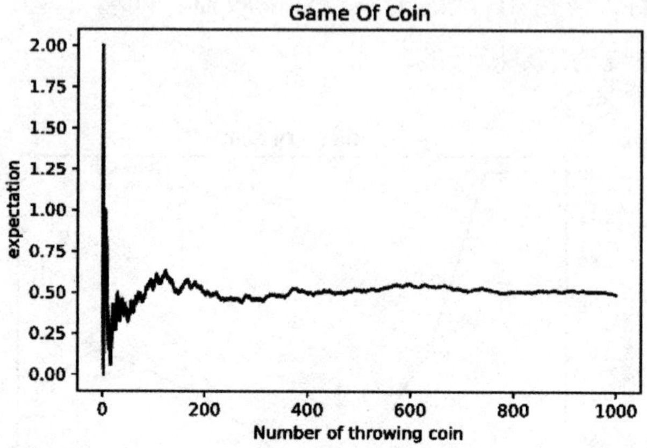

图 3-4 抛 1000 次硬币时的期望

通过这个抛硬币游戏，再一次证明了大数定律——如果统计的数据量足够大，那么事物出现的频率就能无限接近它的期望。

2.3 大数定律有什么用

学习了大数定律和期望的知识以后，大家可能会对生活中的一些情况有了基于概率学的新认识。

比如为什么买彩票长期来看是一种赔本的游戏，阿秋就来给你算一下。

阿秋找到了之前很火热的中国福利彩票“时时彩”，注意，这种彩票是国家正规发行的，并不是互联网上售卖的不正规彩票哦。

它的玩法是这样的：2 元钱购买 1 注彩票，彩票号码为 1 个 5 位数，分为个、十、百、千、万位。下注的时候，需要确认自己投注的几星玩法——共有一星、二星、三星、五星 4 种玩法（对，你没有看错，也不是阿秋写漏了，没有四星这种玩法）。

一星玩法是指个位数字相同，单注中奖 10 元；二星玩法是指十位和个位相同，单注中奖 100 元；三星玩法是指百位、十位和个位相同，单注中奖 1000 元；五星玩法是指万位、千位、百位、十位和个位全部相同，单注中奖

10000 元。

对于投注一星玩法的玩家来说，中奖概率是 1/10，获得奖励是 10 元。彩票成本是一定要付出 2 元的，所以“时时彩”一星玩法的期望就是 $1/10 \times 10 - 100\% \times 2 = -1$ 元。也就是说，如果一位玩家持续地玩一星玩法，他将无限地接近亏损 1 元钱。

同样，可以计算二星、三星和五星玩法的期望，你会发现它们的期望统统都是 –1 元。

“时时彩”如此，其他彩票（包括大家最熟悉的双色球）也是如此。

为什么买彩票长期来看是一种赔本的游戏？因为它的期望小于 0。也就是说，卖彩票的人把钱都赚走了。

同样，为什么赌场从长期来看总是挣钱的？

很简单，因为赌场里的每一种游戏，期望都是小于 0 的。也就是说，开赌场的人把钱都赚走了。

还想寄希望于运气，总想赌一把吗？从你参与赌博的那一刻开始，你就已经输了。

投资市场里的赢家，永远是那些按照大数定律来做投资的人——永远按照统计概率来做事，哪怕屡受挫折也决不放弃在正确的选项持续下注。

希望你能掌握大数定律这种数学能力，更希望你能掌握大数定律这种思维方式。

3. 风险

阿秋再举一个和期望有关，也和你的生活息息相关的例子——保险公司怎么给每个保险单制定保费呢？

很简单，在提出一个保险项目之前，都会有一个精算师或者精算师团队，通过统计和计算，得到项目发生的概率。一旦确定了概率，保险商就根据期望小于 0 的标准（也就是保险商必然能够赚钱）来倒推出保险费用。

比如一个项目的出险概率是 1/10000，出险金额是 10000 元，那么保险公司一定会把保险价格卖得超过 1 元钱。事实上，保险公司并不是靠保费挣钱的，保险公司真正的收益源于庞大保费汇集成的自由现金流所产生的收益。

从统计概率的角度看，购买保险是一项糟糕的投资。因为平均来看，我们付给保险公司的钱永远比我们得到的赔偿金要多。

那么，为什么大家还要购买保险呢？

这就引出了这一节的核心话题——风险。

3.1 什么是风险

中国有一句老话，“不怕一万，就怕万一”，这是对风险最朴素的认知了。

虽然某个事件发生的概率小到万分之一的地步，但并不意味着一定要到第 1 万次才出现，因为这个事件是随机的，可能第一次就出现了，也可能永远都不会出现。

在西方，俄罗斯转盘这个赌博游戏曾经风靡一时。这个游戏的玩法很简单，就是在一把六轮的左轮手枪里面塞进 1 枚子弹，转动转轮，随机扣动扳机，如果是空轮，活下来的就是胜利者。假如有这么一个无聊的商业大亨，拿出1千万美元让你去赌博，你赢了，钱就归你，可如果输了，你的命就没有了。滚轮有6个孔，被子弹打中的概率是1/6，说明在这场赌博中的风险为1/6，而之外的5/6，则可以为你带来一笔不小的回报。

人生何尝不像是这样一种赌博呢？

不过在阿秋看来，现实生活比俄罗斯转盘游戏邪恶多了。生活中的风险就像是手枪里面的子弹，它不仅常常会射出要命的子弹，还可以装下比左轮手枪多出几倍，甚至几千倍的子弹。在俄罗斯转盘游戏中，经过几十次的轮选，也许我们都仍然活着，于是就误以为自己很幸运，甚至可能忘记子弹的存在。

日子平平淡淡，过得一帆风顺，就会让人忘记风险的存在。

现在很多媒体鼓励大家去冒险，却对其中的风险只字不提；有些投资大神鼓吹某个投资机会，却从不提示其中的风险；有些KOL（Key Opinion Leader，意见领袖）大肆鼓吹创业，却从来不提创业的成功率不到万分之一。

其实生活中很多人本来就没有风险意识，再加上舆论环境的引导，最后就这样踏上了冒险之路。

缺少对概率的认知，直接导致的结果就是风险意识缺乏。

预防风险，是一个投资者以及每一个普通人需要终身牢记的事情。

3.2　如何预防风险

巴菲特在致股东的信中说："面对可能出现的黑天鹅事件，我们应该谨慎评估，提前预防。投资的目的是获得最大化收益和降低系统化风险，所以投资的刚需就是避险，而最佳避险常识就是——永远不要押上全部！"

很多人看起来一辈子运气不好，实际上这些人都是风险盲，没有一点统计概率常识。他们倒霉的原因只有一个，就是动不动就把自己的全部赌了进去。

学过一点概率知识的人有一个普遍的误解：认为风险的概率决定了风险的大小。但是衡量风险大小的主要因素并不是风险的概率，而是赌注的大小。

值得一提的是，这里的赌注并不仅仅是你把自己的全部身家投进去，还包括你未来的全部。比如有人动不动就“裸辞”，有人没有完全准备好就贸然创业，这都是冒险的事情。

为了预防风险，必须牢记且绝对不能犯的铁律就是：永远不要押上自己的全部！

那么接下来的问题就很重要了：究竟多少才算得上是自己的全部呢？

在缺乏概率常识的人眼里，所谓的“全部”就是倾家荡产。因为在诱人的回报率面前，他们认为这些都不足挂齿。即便在概率上他们几乎没有胜算了，这些人也会一股脑地押上自己全部的家当。

心理学专家做过专门研究：当你把总资产的25%拿去冒险，你将无法对它熟视无睹。

真正的专家是懂得如何分配资产的，以便让自己保持理性，做出尽可能正确的判断。

至于如何在人身上预防风险，最简单的方法就是购买保险。

由于保险本身是一个非常大的课题，并且阿秋也不是这方面的专家，所以这里就不再展开了。阿秋的公众号里每年都会发布一次保险年报，详细点评这一年的热门保险和阿秋最终购买的品种，有需要的朋友可以自取。

4. 套利

阿秋一直对外宣称自己是场内低风险套利者。

那么究竟什么是套利，套的又是什么利呢？

套利（Arbitrage），在正统的金融学教材上，指的是利用两个或多个市场的价格差异来获利的行为。

简单来说，套利就是有利可图的交易。

小时候你一定见过或者去过游戏厅吧，也肯定见过游戏厅里最常见的游戏机——推币机。

推币机的玩法非常简单。首先你需要找到游戏厅的老板，用自己的现金购买游戏币，然后找准时机把游戏币从上方的投币口投进推币机，投进去的游戏币会以一定的轨迹落在游戏币堆里。一旦成功地“挤”下了其他游戏币，你就可以立刻拿着游戏币去找老板兑换现金了。

阿秋曾经用 1 个游戏币“挤”下了 25 个游戏币。

这种经典的“以小博大”又操作简单的游戏，曾经是阿秋最喜欢的游戏。那个时候，家门口游戏厅里的游戏币卖 5 角钱 1 个，阿秋省吃俭用，每个月攒两三元钱，目的是为了去推币机前乐几下。

那么推币机和套利又有什么关系呢？

别着急，听阿秋继续给你讲。

有一天，阿秋到郊区的表哥家玩，表哥带着阿秋去了他家楼下的游戏厅。你猜阿秋发现了什么？这里的游戏币和阿秋家门口那家游戏厅里的游戏币长得一模一样，最关键的是，这里的游戏币只要 3 角钱！

后面发生了什么，大家可以自己去猜想，反正最后的结局是……阿秋家门口的游戏厅没过多久就换了游戏币，阿秋这辈子第一次享受“小浣熊干脆面自由”的日子就这么戛然而止了。

推币机的故事虽然结束了，但是借着短暂的“小浣熊干脆面自由”，阿秋手里积攒了大量的水浒人物卡。借着当时水浒人物卡的火热，阿秋很快又发现了新的机会。

一套水浒人物卡一共有 108 张，小浣熊干脆面的生产商为了促进消费，让大家永远集不齐一套，所以每张卡出现的概率是不同的，有的高一些（买 10 袋 8 张是一样的），有的低一些（搜遍整个学校可能都找不到 1 张）。

阿秋当时手里积攒了数量不少的水浒人物卡，每天下课就会听到同学之间传递消息——哪个班谁手里有了一张稀有卡，愿意多少钱卖出，哪个班谁又刚好缺这张卡，愿意出多少钱收购……甚至有时候，阿秋自己也干起了囤卡的买卖，成了小小校园里水浒人物卡的“小庄家”。

在那个没有手机的时代，哪怕就在一个校园里，信息也是极为闭塞的。信息不对称，就会产生有利可图的交易。

听完了阿秋的故事，你可能已经模模糊糊地对套利这个东西有点概念了。

阿秋再讲一个更贴近套利的金融学原型的例子。

假如你是一个特别爱吃西瓜的人，为了买到好吃的西瓜，常常连续跑好几个菜市场。

这一天，你先去了 A 市场，发现这里的西瓜卖 5 元钱 1 斤。接着你又去了 B 市场，发现这里的西瓜和 A 市场一模一样，但是只要 3 元钱 1 斤。

聪明的你立刻开始盘算——假如你在 B 市场大量收购西瓜，然后运到 A 市场去卖，不就可以赚其中的差价了吗?

你看，倒卖西瓜就是一个有利可图的交易，也就是套利。

在资本市场中，套利也是一样的。

当一个品种因为特殊原因偏离了它的理论价格，出现了高估或者低估的情况时，聪明的套利者就会像倒卖西瓜（游戏币、水浒人物卡）一样进行倒手操作——从 B 市场买入，再拿到 A 市场去卖。

即使在计算机高度发达的今天，市场里依旧存在很多我们普通人靠手动去操作的套利机会，只要你多多学习，勤于思考，就会发现这样的机会。

5. 博弈

不管你在投资这个领域里操作什么品种，一定都逃不开“博弈”这个词。

博弈，指的是在一定的游戏规则约束下，基于直接相互作用的环境条件，各参与人依靠掌握的信息选择各自的策略，以实现利益最大化和风险成本最小化的过程。

这个定义让人看得头疼？让阿秋来给你解释一下。

所谓博弈，就是人与人之间为了谋取利益而竞争。

生活中的博弈无处不在。

比如你今天想吃炖猪蹄，于是到菜市场王屠夫那里买个猪蹄。结果王屠夫今天恰好猪蹄生意兴隆，开口就说，“今天猪蹄 50 元 1 斤，你爱买不买，后面的人还在排队呢！”

你一摸口袋，发现钱没带够，何况猪蹄也不是非得今天吃，改天降价再来买呗。

过了几天，你无意间路过王屠夫的摊子，发现猪蹄降价了，只要 25 元 1 斤，你开心地买了 5 斤吃了个够。

再过了一段时间，市场里多了李屠夫、张屠夫的摊位。3 位屠夫之间打起了价格战，猪蹄价格越卖越低，你把一辈子的猪蹄都吃够了。

在这个故事里，王屠夫因为猪蹄走俏而涨价，就是一种博弈行为。你认为猪蹄价格高估，觉得价格早晚会回落，于是决定价格回落时再买，也是一种博弈行为；3 家屠夫之间靠降价来竞争客户，同样还是博弈。

人与人之间为了谋取利益而竞争，都可以称作博弈。

博弈中比较经典的故事，叫做“囚徒困境”（prisoner’s dilemma）。

囚徒困境这个故事讲的是，两个嫌疑犯作案后被警察抓住，分别关在不同的屋子里接受审讯。警察知道两人有罪，但缺乏足够的证据。于是警察分别告诉两个人：如果两人都抵赖，各判刑 1 年；如果两人都坦白，各判刑 8 年；如果两人中一个人坦白而另一个人抵赖，坦白的人放出去，抵赖的人判刑 10 年。

于是，每个囚徒都面临两种选择：坦白或抵赖。

	B 坦白	B 抵赖
A 坦白	A判8年，B判8年	A被放出去，B判10年
A 抵赖	A判10年，B被放出去	A判1年，B判1年

图 3–5 经典博弈问题——囚徒困境

然而，不管同伙选择什么，每个囚徒的最优选择都是坦白。

假设同伙选择了抵赖，而自己选择了坦白，就能够立即被放出去。如果抵赖，自己的最佳结局也得被判刑 1 年，所以坦白比抵赖好。假设同伙选择了坦白，如果自己同时也选择了坦白，就会被判刑 8 年，但是如果抵赖，就会被判刑 10 年，结果还是坦白比抵赖好。

最终的结果，两个嫌疑犯都选择坦白，各判刑 8 年。

在囚徒困境中，如果两人选择合作，即两人都抵赖，各判刑 1 年，显然这是对两人这个团队来说最好的结果。但由于大家都优先考虑自己的最优选择，最终导致整体选择并不是最好的。

囚徒困境阐明了为什么“在合作对双方都有利时，保持合作也是困难的”这样一个现实，也反映出“个人利益最大化并不能保证集体利益最大化，自以为聪明的人可能会作茧自缚”。

关于博弈，还有很多有趣的故事，比如智猪博弈、海盗分金等，如果大家有兴趣，不妨利用搜索引擎去了解一下。

相信把这几个经典案例看过一遍之后，大家对这个世界又会产生很多新的想法。

关于可转债的各种套利和博弈手段，阿秋将在第七章中详细讲述。

6. 不可能三角

初入资本市场的人，可能听无数人跟你讲过——高风险才有高收益，低风险只配低收益。

今天大家打开这本书，看着阿秋赫然打出这样的口号——“可转债是一种低风险高收益的品种”，你会不会觉得很奇怪呢？

事实上，在真正的投资世界里，评价一个投资品种，并不是由风险和收益这两个维度决定的，还有最重要的第三个维度，叫做流动性。

收益、风险、流动性构成的三角形，才能够精准地表达一个投资品种的优劣情况。

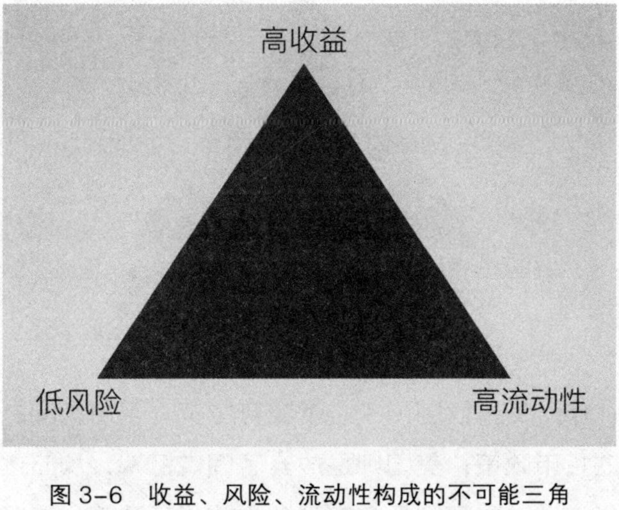

图 3-6　收益、风险、流动性构成的不可能三角

一般来说，较好的投资都是在牺牲了某一个维度之下达到了另外两个维度的最优解。

比如银行存款，流动性极好、风险极低、收益极低。

比如股票，流动性极好、风险极高、收益极高。

比如刚性兑付的银行理财产品，流动性极差、风险极低、收益中等。

可转债正是在牺牲了一定流动性的前提下，才能达成低风险高收益的结局。这个道理，在基金定投这个广为大家所知的投资手法中也是类似的。

收益、风险、流动性，之所以叫做不可能三角(The Impossible Trinity)，就是因为这三者不可能同时处于最佳位置。

就好像我们不能在一个短暂的假期里，既希望看到北国千里冰封，万里雪飘，又希望看到南国人面桃花相映红。当然，最重要的是，一摸兜里的钱，瞬间就不再纠结了。

除了收益、风险、流动性这个不可能三角之外，更加著名的不可能三角是蒙代尔三角。蒙代尔三角主要是说独立的货币政策、资本自由流动与固定汇率这 3 个政策目标不可能同时达到。

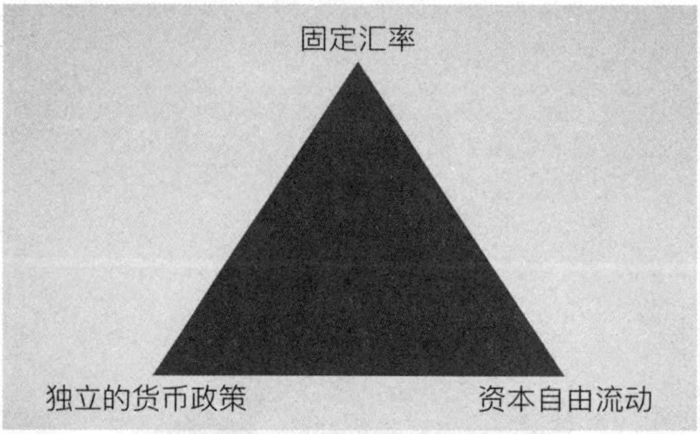

图 3–7　蒙代尔三角

比如我国，作为资本管制国家，就舍弃了资本自由流动，从而保住了固定汇率与独立的货币政策；美国则是放弃了固定汇率，从而达到了独立货币政策与资本自由流动；欧盟则是舍弃了独立的货币政策，选择了固定汇率与资本自由流动。

当然，作为一种经典理论，不可能三角还可以用在工作和生活的方方面面。

比如，当阿秋想买一台电脑的时候——

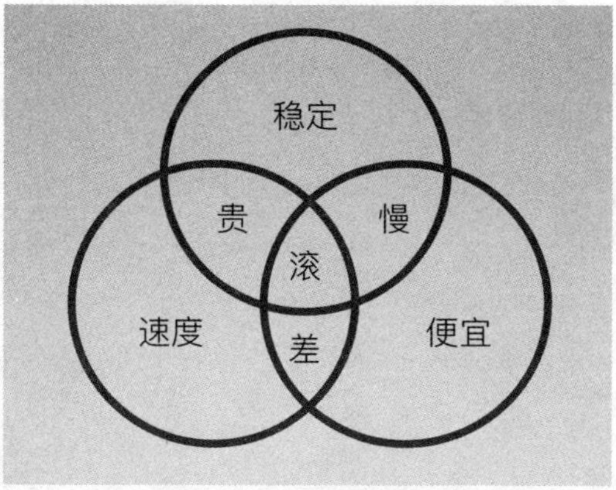

图 3-8　不可能三角之一

比如，当阿秋想找一份的工作的时候——

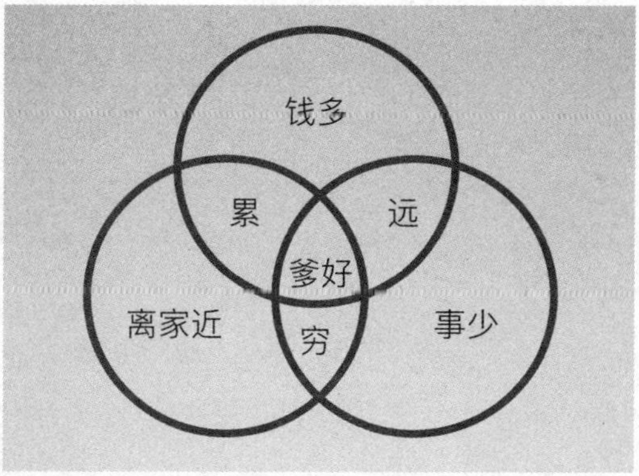

图 3-9　不可能三角之二

到这里，关于可转债需要具备的基础金融学及经济学知识就介绍得差不多了。虽然这一章只有短短的几小节，但是每一小节可以深挖的内容其实还是很多的，希望大家在未来不断深入的学习中挖掘出更多更璀璨的明珠。

第四章

低风险年化收益率 100% 的可转债打新

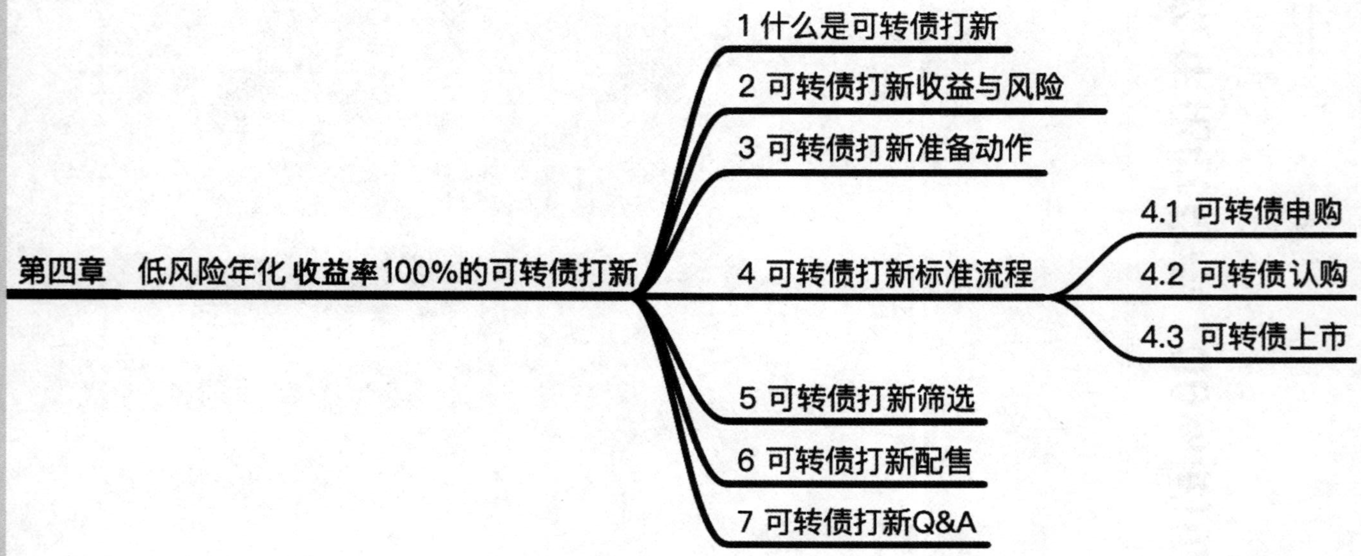
第四章　低风险年化收益率100%的可转债打新
1 什么是可转债打新
2 可转债打新收益与风险
3 可转债打新准备动作
4 可转债打新标准流程
4.1 可转债申购
4.2 可转债认购
4.3 可转债上市
5 可转债打新筛选
6 可转债打新配售
7 可转债打新Q&A

1. 什么是可转债打新

学习可转债的种种条款与要素时，你可能已经发现，可转债这个品种的最大特点就是“可计算”这 3 个字。

在这一章，我们将进入可转债投资的第一个实战部分，便是将“可计算”这 3 个字贯彻得非常彻底的可转债打新。

股票打新，想必你并不陌生（即使没有实操过，也应该听说过）。

可转债打新，和股票打新非常类似——指的是对新发行的可转债进行申购，根据中签情况缴款认购，等待上市后获利卖出这一系列行为。

既然可转债打新针对的是新发行的可转债，那就先来了解一下可转债是如何诞生的吧。

在可转债的诞生之路上，按照时间的先后顺序，总共有 6 个关卡——①董事会预案，②股东大会批准，③证监会受理，④发审委通过，⑤证监会核准批文，⑥发行公告。

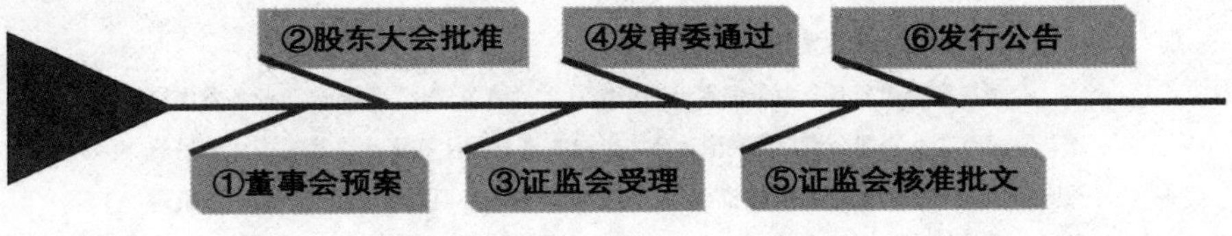

图 4-1　可转债发行流程图

这 6 道关卡，每一关都有“重兵把守”，每一关都可能会让可转债发行计划“胎死腹中”。

在第①②关里，难点在于上市公司的内部斗争。因为可转债的存在可能会损害中小股东的利益（原因见第二章下修一节），因此中小股东一开始就对公司发行可转债心有不平。

在第③④⑤这 3 关的审理中，证监会起着举足轻重的作用。假如提交申请的上市公司有任何财务数据或者行为上的不合规，那么可转债的发行申请也可能就在这几关里落下帷幕。

通过了前面 5 关，可转债的发行看起来似乎十拿九稳了。然而，市场里最不缺的就是黑天鹅。

比如浙江美大（002677），上市公司 2018 年 10 月 16 日取得证监会批复（闯过前面 5 关），获得核准公开发行 4.5 亿元可转债后，2019 年 3 月 10 日晚间突然发布了终止发行可转债的公告。

一、本次发行可转债事项的基本情况

公司于 2018 年 2 月 27 日召开的第三届董事会第八次会议、第三届监事会第七次会议，于 2018 年 3 月 22 日召开的 2017 年度股东大会，审议通过了公司本次发行可转债的相关议案，拟公开发行可转换公司债券。本次公开发行可转换公司债券募集资金总额不超过 45,000 万元，募集资金用于年新增 110 万台集成灶及高端厨房电器产品项目（以下简称“本次投资项目”）。

2018 年 10 月 16 日，公司收到了中国证券监督管理委员会（以下简称“中国证监会”）出具的《关于核准浙江美大实业股份有限公司公开发行可转换公司债券的批复》（证监许可〔2018〕1536 号）（以下简称“批复”），核准公司向社会公开发行面值总额 45,000 万元可转换公司债券。该批复自核准发行之日（2018 年 9 月 25 日）起 6 个月内有效。

二、公司终止本次发行可转债的原因

公司在取得批复后，由于资本市场环境发生了诸多变化，同时公司业务发展快速，公司经营性净现金流良好，预计公司以自有资金为主和银行借款等方式筹措的资金能满足本次投资项目的投资需要，因此公司董事会根据实际情况，与中介机构等各方充分沟通并做了审慎研究后，决定终止本次发行可转债事项。

图 4-2　浙江美大终止发行可转债公告

除了像浙江美大这样倒在第 6 关门口的，还有像交通银行（601328）这样“睡”在第 6 关门口的——原定于 2019 年 6 月之前发行 600 亿元可转债的交通银行，4 月突然召开董事会，提议延期发行可转债，并且该决议最终在股东大会上通过了。

目前，本公司正在积极稳妥推进本次发行事宜。为保持相关工作的延续性和有效性，确保后续工作顺利进行，本公司 2019 年 4 月 29 日召开的第八届董事会第二十六次会议审议通过了《关于提请股东大会批准延长公开发行 A 股可转换公司债券方案决议有效期及授权有效期的议案》，同意将本次发行决议有效期、授权有效期，自前述有效期届满之日起均延长十二个月，即均延长至 2020 年 6 月 28 日。该议案尚需提交本公司股东大会及类别股东大会审议批准。

图 4–3　交通银行延期发行可转债公告

由此可见，只要一天没有发布发行公告，可转债发行这件事就不算稳当。

虽然上面举了几个让投资者伤心的发行夭折案例，但是绝大部分可转债还是顺利地走完了 6 个关卡，发布了发行公告，等着投资者来申购。

根据数据显示，近 5 年可转债无论是发行数量还是发行规模，都呈现加速状态。2018 年全年共发行了 68 只可转债，几乎每 5 天就有 1 只可转债发行。从 2019 年上半年的发行数据推测，2019 年全年可能有近百只可转债发行，时间进一步缩短到了 3 天 1 只。

还记得阿秋在第一章的时候说过，自从 2017 年国家放宽了可转债的发行要求，并且更改了投资者申购可转债的规则之后，越来越多的上市公司选择发行可转债来募集资金。

从历史数据中可以发现，有不少上市公司已经发行了超过 2 次的可转债（一般来说，可转债的名称是 AA 转债，如果第二次发行，则会叫做 AA 转 2，以此类推）。

火热的可转债发行行情，自然会带来火热的可转债打新市场。

可转债打新，这个低风险年化收益率 100% 的策略，就是这样应运而生的。

2. 可转债打新收益及风险

可转债打新究竟能赚多少钱？

当你第一次学习一个全新的投资品种的时候，想必没有什么比直接看到实盘成本和收益更能让你信服的了。

表 4-1 阿秋单账户可转债打新实盘收益表

认购时间	卖出时间	名称	中签数	收益
2017.11.24	2017.12.11	生益转债	1	-6
2017.12.5	2018.1.12	宁行转债	1	100
2017.12.25	2018.1.15	航电转债	1	28
2017.12.22	2018.1.16	太阳转债	1	202
2017.12.21	2018.1.19	赣峰转债	1	20
2017.12.19	2018.1.30	万信转债	1	121
2018.1.19	2018.2.6	常熟转债	1	57
2018.1.26	2018.2.14	江银转债	2	-25
2018.2.6	2018.3.5	大族转债	3	450
2018.1.30	2018.3.14	无锡转债	3	-37
2018.3.1	2018.3.22	玲珑转债	2	60
2018.3.6	2018.3.28	杭电转债	1	20
2018.3.7	2018.4.10	星源转债	1	220
2018.3.12	2018.4.11	长证转债	1	70
2018.3.13	2018.5.14	敖东转债	1	51

（续表）

认购时间	卖出时间	名称	中签数	收益
2018.3.22	2018.4.20	利欧转债	3	−66
2018.4.26	2018.5.17	新凤转债	3	30
2018.6.22	2018.7.12	千禾转债	1	5
2018.7.9	2018.7.24	景旺转债	3	600
2018.7.16	2018.8.1	安井转债	1	91
2018.7.17	2018.8.6	海澜转债	11	36
2018.7.18	2018.8.23	盛路转债	6	18
2018.7.19	2018.8.23	德尔转债	3	−105
2018.7.26	2018.8.27	高能转债	4	−8
2018.7.30	2018.11.12	凯中转债	4	−216
2018.8.2	2018.8.27	东音转债	2	−75
2018.8.29	2018.9.14	机电转债	1	150
2018.11.7	2018.12.7	光电转债	1	70
2018.11.9	2018.12.3	洲明转债	3	54
2018.11.12	2018.11.26	百合转债	2	60
2018.11.20	2018.12.7	科森转债	3	−57
2018.11.20	2018.12.25	特发转债	3	30
2018.11.21	2018.12.12	桐昆转债	2	2
2018.11.22	2018.12.18	圆通转债	2	20
2018.11.22	2018.12.24	寒锐转债	3	−84
2018.11.23	2018.12.12	山鹰转债	5	0
2018.12.11	2018.12.28	福能转债	2	60
2018.12.20	2019.1.18	海尔转债	1	120
2019.1.28	2019.2.19	维格转债	4	269
2019.2.18	2019.3.7	尚荣转债	1	180

（续表）

认购时间	卖出时间	名称	中签数	收益
2019.2.27	2019.3.22	中来转债	1	140
2019.3.5	2019.3.20	长城转债	1	135
2019.3.11	2019.4.8	拓邦转债	1	201
2019.3.18	2019.4.3	苏银转债	1	90
2019.3.26	2019.5.23	招路转债	1	10
2019.3.28	2019.4.15	中装转债	1	66
2019.4.2	2019.4.22	百姓转债	1	99
2019.4.2	2019.4.19	精测转债	1	128
2019.4.4	2019.4.24	亚药转债	1	78
2019.4.4	2019.4.24	海环转债	1	60
2019.4.8	2019.4.24	参林转债	1	71
2019.4.10	2019.4.26	核建转债	1	30
2019.4.17	2019.5.16	创维转债	1	0
2019.4.18	2019.5.10	雅化转债	1	–38
2019.6.4	2019.6.26	三星转债	2	40
2019.6.6	2019.7.1	和而转债	1	100
2019.6.18	2019.7.10	华钰转债	1	26
2019.6.21	2019.7.15	清水转债	1	19
2019.6.26	2019.7.11	华森转债	1	2
2019.7.2	2019.7.22	安图转债	1	140
2019.7.17	2019.8.5	南威转债	1	2
2019.7.25	2019.8.13	荣晟转债	2	4
2019.8.20	2019.9.5	欧派转债	1	263
2019.8.20	2019.9.10	英科转债	1	177
2019.8.22	2019.9.16	翔鹭转债	1	105

（续表）

认购时间	卖出时间	名称	中签数	收益
2019.8.22	2019.9.12	九洲转债	1	103
2019.8.26	2019.9.11	哈尔转债	1	111
2019.9.25	2019.10.21	游族转债	1	113
2019.10.16	2019.11.7	金能转债	1	23
2019.10.28	2019.11.22	索发转债	1	43
2019.10.28	2019.11.20	浦发转债	3	135
2019.11.5	2019.11.25	金力转债	1	113
2019.11.20	2019.12.12	常汽转债	1	70
2019.12.3		烽火转债	1	
2019.12.6		华锋转债	1	
			总收益	5174

表 4-1 是阿秋从 2017 年开始的单账户可转债打新实盘数据。

根据这些数据，可以大致估算出可转债打新平均投入的本金在 3000~5000 元左右，而年化收益率却高达 100%，并且在各个时间点上基本没有出现什么大的波动。

一个低投入（本金 3000~5000 元）、高收益（年化收益率 100%）且持续稳定的投资品种，你是不是有些心动呢？

在心动的同时，可能你大脑里的风险警报系统也会响起来——一个收益率极高的投资品种，风险会不会也很高呢？

你可能也会注意到，阿秋的实盘数据中，也不是每只可转债都赚了钱，还有个别的可转债出现了亏损。

你一定会担心，自己能不能避开这些亏钱的可转债，成功地挑中那些赚钱的可转债呢？

很好，你能在关注收益的同时关注到风险问题，说明你已经具备了进入资本市场的基本警觉意识。

关于可转债这个品类本身的风险问题，前面已经做了详细的阐述。可转债由于其特殊的产品属性，结合了股票和债券的优点于一身，本身就是一个低风险的品类。

具体到可转债打新，在挑选可转债参与打新上，阿秋也建立了一套严谨的筛选计算体系。当你跟着阿秋学习了基本原理与计算方法后，只要通过简单的数学运算（甚至可以在 Excel 中建立公式，填入数据就可以一键得到计算结果），便可以一眼判定某只可转债是否值得参与打新。

以上这一切，都让可转债打新成为一项名副其实的低风险、高收益、低投入的投资。对于刚刚开始接触可转债的新手来说，没有什么比可转债打新这块敲门砖更好更方便的了。

假如你对这门低风险年化收益 100% 的“手艺”感到好奇，那么赶快跟着阿秋继续学习吧。

3. 可转债打新准备动作

前面讲了，可转债打新和股票打新类似。

唯一不同的地方是——可转债目前采用的是信用申购制度，而股票采用的是市值申购制度。

信用申购制度和市值申购制度是什么意思呢?

市值申购制度，意味着你能够申购多少新股，跟你持有的股票市值是挂钩的。根据目前的规定，沪市 1 万元市值，深市 5 千元市值可以各获得一个配号。假如你连门票钱都凑不够的话，是没资格参与股票打新的。

市值申购，在意的是公平——有多少钱就能申购多少新股。

信用申购制度，意味着每一个户头（1 个身份证开设的不同券商账号只算作 1 户）获得的申购份额是相同的，不管你的户头里市值是 100 万元还是分文没有，都可以申购同样数量的可转债。

信用申购，在意的是平等——每个人都享有平等的权利。

所以，可转债打新是一个真正意义上 0 门槛的投资活动。唯一的需求，就是你要有一个证券账号。

关于证券开户这个环节，阿秋就不详细展开讲了，现在各个券商都在积极地开展互联网业务，很多券商都支持网上开户。下载 APP，准备好身份证和银行卡，就可以轻松地完成开户工作。

需要额外提醒的是，由于可转债打新中有部分可转债正股属于创业板，所以阿秋还是建议你完成网上开户之后，到线下营业厅开通创业板交易权限。假如你是在网下开户的，那么就趁开户的时候把创业板权限也开通了。

4. 可转债打新标准流程

可转债打新分为 3 个步骤——申购，认购，上市。

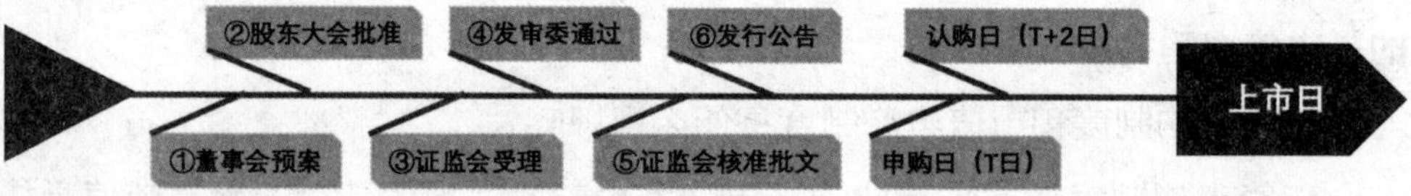

图 4-4　可转债发行流程图

4.1　可转债申购

在申购日（即 T 日，通过可转债发行公告可以查询），登录券商 APP 或者客户端，选择买入操作，输入可转债申购代码（通过可转债发行公告可以查询）以及申购数量，即可完成申购。

1、本次发行的原股东优先配售日和网上申购日为 2019 年 8 月 16 日（T 日）。原股东及社会公众投资者在 2019 年 8 月 16 日（T 日）参与优先配售后余额部分的网上申购时无需缴付申购资金。

2、社会公众投资者通过上交所交易系统参加网上发行。网上申购简称为“欧派发债”，申购代码为“754833”。每个证券账户的最低申购数量为 1 手（10 张，1,000 元），超过 1 手必须是 1 手的整数倍。每个账户申购数量上限为 1,000 手（1 万张，100 万元），如超过该申购上限，则该笔申购无效。投资者参与可转债网上申购只能使用一个证券账户。同一投资者使用多个证券账户参与欧派转债申购的，以及投资者使用同一证券账户多次参与欧派转债申购的，以该投资者的第一笔申购为有效申购，其余申购均为无效申购。

图 4-5　欧派转债（113543）发行公告

4.2　可转债认购

在认购日（即 T+2 日），登录券商 APP 或者客户端，即可知道是否中签以及中签数量是多少。需要根据中签数量缴款——如果中签 1 手 /10 张，则缴纳 1000 元，以此类推。

> **4、网上投资者申购可转债中签后，应根据《欧派家居集团股份有限公司公开发行可转换公司债券网上中签结果公告》（以下简称“《网上中签结果公告》”）履行资金交收义务，确保其资金账户在 2019 年 8 月 20 日（T+2 日）日终有足额的认购资金，能够认购中签后的 1 手或 1 手整数倍的可转债，投资者款项划付需遵守投资者所在证券公司的相关规定。投资者认购资金不足的，不足部分视为放弃认购，由此产生的后果及相关法律责任，由投资者自行承担。根据中国结算上海分公司的相关规定，放弃认购的最小单位为 1 手。网上投资者放弃认购的部分由主承销商包销。**

图 4-6　欧派转债（113543）发行公告

最晚缴款时间为认购日当日下午 4 点前，逾期未缴纳或者缴纳不足（例如中签 2 手却只缴纳了 1000 元）都视为违约。

连续 12 个月内违约 3 次，将被证监会处以未来 6 个月内不允许进行新股及新可转债打新的惩罚。你可以简单地这样去理解——你在连续 12 个月内最多可以获得 2 张黄牌，一旦证监会发给你第 3 张黄牌，就将被罚下场整整 6 个月，然后才能重新参赛。

> **6、网上投资者连续 12 个月内累计出现 3 次中签但未足额缴款的情形时，自中国结算上海分公司收到弃购申报的次日起 6 个月（按 180 个自然日计算，含次日）内不得参与网上新股、存托凭证、可转债、可交换债的申购。放弃认购的次数按照投资者实际放弃认购的新股、存托凭证、可转债、可交换债的次数合并计算。**

图 4-7　欧派转债（113543）发行公告

违约的后果，对于所有参与打新的朋友来说肯定是得不偿失的。

一般来说，你不用过于担心因为遗忘缴款导致的认购违约。现在券商一般都会设置信息推送服务，个别服务特别周到的券商甚至会亲自打电话通知你。

除了上面这种情况，还有一种情况会产生违约行为。就是在申购了可转债并且中签之后，因为正股基本面变坏或者听闻市场上的一些消息，主动采取不缴纳资金而放弃认购的行为，这种行为阿秋也是不建议的。

从道理上来说，虽然正股下跌，导致根据目前数据测算出的可转债打新收益缩小甚至变为亏损，看样子好像放弃认购才是对的。但是实际上距离可转债上市还有将近 1 个月的时间，在这个时间段里，正股的走势是很难预料的，今日可能惨兮兮的，明日就可能转头上扬。

更重要的是，可转债目前采用的信用申购机制，就是在鼓励所有人珍惜信用，善待信用，所以自己申请的可转债，一旦中签一定要记得缴款认购。

4.3　可转债上市

在上市日（一般来说为认购日后大约 15~30 天，通过上市公司公告可以查询），登录券商 APP 或者客户端，选择卖出操作，输入可转债代码（与申购代码不同）及数量，即可完成卖出。这个过程就像卖出股票一样简单。当然，也可以直接在你的持仓中找到该转债，选择卖出即可。

就这样，一个为期大约 1 个月的可转债打新流程就完成了。

一、可转换公司债券简称：欧派转债

二、可转换公司债券代码：113543

三、可转换公司债券发行量：14.95 亿元（1,495 万张）

四、可转换公司债券上市量：14.95 亿元（1,495 万张）

五、可转换公司债券上市地点：上海证券交易所

六、可转换公司债券上市时间：2019 年 9 月 4 日

图 4-8　欧派转债（113543）上市公告

5. 可转债打新筛选

讲完了可转债打新的标准动作，接下来就是阿秋的独家秘笈了。

可转债打新，究竟应该如何筛选标的，从而扩大收益，减少损失呢？

下面就以 2019 年 3 月 14 日（T 日）开放申购的苏银转债（110053）来学习一下。

根据苏银转债的发行公告书，苏银转债的转股价是 7.9 元。在 3 月 13 日（T–1 日），也就是开放申购的前一日，苏银转债的正股江苏银行（600919）的收盘价是 7.27 元。

拿到转股价以及正股价这两个关键的数字之后，就可以开始填表了。

表 4–2　苏银转债（110053）打新筛选表 1

模拟行情	涨跌幅度	出现概率
极度乐观	20%	5%
一般乐观	10%	10%
较为乐观	5%	20%
正常	0	30%
较为悲观	-5%	20%
一般悲观	-10%	10%
极度悲观	-20%	5%

表格中的 3 列，分别是模拟行情、涨跌幅度及出现概率。

这 3 列合起来，就是对未来行情的预测。准确来说，是对可转债从申购日到上市日之间大约 1 个月的行情预测。

因为投资者是无法准确预测涨跌的，所以你能看到，阿秋给出的各种涨幅、概率都是对称且均匀的。

实际上，概率分布可以根据市场实际行情走势进行调整。例如在牛市的时候，上涨的概率会大一些；熊市的时候，下跌的概率会大一些。

表 4-3　苏银转债（110053）打新筛选表 2

模拟行情	涨跌幅度	出现概率	正股价	转股价
极度乐观	20%	5%	8.7	7.9
一般乐观	10%	10%	8.0	7.9
较为乐观	5%	20%	7.6	7.9
正常	0	30%	7.27	7.9
较为悲观	-5%	20%	6.9	7.9
一般悲观	-10%	10%	6.5	7.9
极度悲观	-20%	5%	5.8	7.9

接下来，表格中出现了“正股价”这一列。

在“正常”这一行中，填入的就是申购日前一日的正股收盘价，其他情况下的正股价，就是按照正股价 ×（1+ 涨跌幅度）进行计算的。比如在“较为乐观”这种情况下，预测正股会上涨 5%，所以这种情况最终的正股价格就是 7.27×（1+5%）=7.6 元。

下一列是转股价，因为转股价在可转债打新期间是不会变化的，所以填入 7.9 元就可以了。

表 4-4　苏银转债（110053）打新筛选表 3

模拟行情	涨跌幅度	出现概率	正股价	转股价	转股价值
极度乐观	20%	5%	8.7	7.9	110.1
一般乐观	10%	10%	8.0	7.9	101.3
较为乐观	5%	20%	7.6	7.9	96.2
正常	0	30%	7.27	7.9	92.0
较为悲观	-5%	20%	6.9	7.9	87.3
一般悲观	-10%	10%	6.5	7.9	82.3
极度悲观	-20%	5%	5.8	7.9	73.4

之后表格中新出现了转股价值这一列。

还记得转股价值的计算公式吗?

转股价值 = 每张可转债可转股的数量 × 正股价

=（可转债的面值 ÷ 转股价）× 正股价

在“较为乐观”这种情况下，转股价值 =（100÷7.9）×7.6 = 96.2 元。

表 4–5　苏银转债（110053）打新筛选表 4

模拟行情	涨跌幅度	出现概率	正股价	转股价	转股价值	转债价格
极度乐观	20%	5%	8.7	7.9	110.1	127.7
一般乐观	10%	10%	8.0	7.9	101.3	117.5
较为乐观	5%	20%	7.6	7.9	96.2	111.6
正常	0	30%	7.27	7.9	92.0	106.7
较为悲观	-5%	20%	6.9	7.9	87.3	101.3
一般悲观	-10%	10%	6.5	7.9	82.3	95.5
极度悲观	-20%	5%	5.8	7.9	73.4	85.1

接下来，表格又新增了 1 列——转债价格。

转债价格 = 转股价值 ×（1+ 转股溢价率）

在第二章转股溢价率这一节，阿秋已经讲过，一般来说，资本市场上标的物的价格和价值总是不相等的。对于可转债来说也是如此。

转股溢价率，反映的就是价格比价值高估的程度。

目前市场上的可转债溢价率，大约在 –10%~20% 之间。不同行业、不同信用评级以及不同基本面的可转债，溢价率存在差异，甚至宏观市场环境、大股东认购比例等因素也会影响到溢价率的估算。

假如你想确认这个具体的数字，需要更多地结合历史数据来进行分析。

对于苏银转债来说，因为正股江苏银行属于银行业，在地方性银行中发展也不错，而且苏银转债本身是一个 AAA 级转债，因此在计算过程中，阿秋给予了 16% 的转股溢价率。

在“较为乐观”这种情况下，阿秋预计苏银转债的上市价格是 96.2×（1+16%）= 111.6 元。

将每一行的数据按照阿秋的方法计算出来，就会得到表 4–6。

这里的预期收益，就是转债价格 – 申购成本，也就是转债价格 –100 元（也就是可转债打新每 1 张的成本）。

表 4–6　苏银转债（110053）打新筛选表 5

模拟行情	涨跌幅度	出现概率	正股价	转股价	转股价值	转债价格	预期收益
极度乐观	20%	5%	8.7	7.9	110.1	127.7	27.7
一般乐观	10%	10%	8.0	7.9	101.3	117.5	17.5
较为乐观	5%	20%	7.6	7.9	96.2	111.6	11.6
正常	0	30%	7.27	7.9	92.0	106.7	6.7
较为悲观	-5%	20%	6.9	7.9	87.3	101.3	1.3
一般悲观	-10%	10%	6.5	7.9	82.3	95.5	-4.5
极度悲观	-20%	5%	5.8	7.9	73.4	85.1	-14.9

从表 4–6 中不难看出，当转债价格低于 100 元的时候，就可以认为可转债会破发，造成打新亏损。那么只需要将“预期收益”这一栏中负数行的概率加起来，就可以知道申购这只可转债的亏损概率是多少。

表 4–7　苏银转债（110053）打新筛选表 6

模拟行情	涨跌幅度	出现概率	正股价	转股价	转股价值	转债价格	预期收益
极度乐观	20%	5%	8.7	7.9	110.1	127.7	27.7
一般乐观	10%	10%	8.0	7.9	101.3	117.5	17.5
较为乐观	5%	20%	7.6	7.9	96.2	111.6	11.6
正常	0	30%	7.27	7.9	92.0	106.7	6.7
较为悲观	-5%	20%	6.9	7.9	87.3	101.3	1.3
一般悲观	-10%	10%	6.5	7.9	82.3	95.5	-4.5
极度悲观	-20%	5%	5.8	7.9	73.4	85.1	-14.9

也就是说，当出现表 4–7 中标记部分的情况时，申购苏银转债就会产生亏损。亏损的概率是多少呢？用“一般悲观”的 10% 加上“极度悲观”的 5%，就是 15% 的概率。也就是说，在阿秋的这个预测模型中，苏银转债亏损的概率不高于 15%。

最后，可能也是你最关心的预期收益部分，也就是中签 1 手可转债究竟可以赚多少钱。

这里可以使用期望来进行计算。

期望的公式是：

$E = A1 \times P1 + A2 \times P2 + \cdots\cdots + An \times Pn$

把苏银转债的数据代入公式：

预期收益 =（5% × 27.7+10% × 17.5+20% × 11.6+30% × 6.7+20% × 1.3−10% × 4.5−5% × 14.9）× 10

= 65.3

也就是说，每中 1 手苏银转债（成本 1000 元），预期单签收益是 65.3 元。

完整的可转债打新筛选表格，就是表 4−8 这样的。

表 4−8　苏银转债（110053）打新筛选表 7

模拟行情	涨跌幅度	出现概率	正股价	转股价	转股价值	转债价格	预期收益	预期单签收益
极度乐观	20%	5%	8.7	7.9	110.1	127.7	27.7	65.3
一般乐观	10%	10%	8.0	7.9	101.3	117.5	17.5	
较为乐观	5%	20%	7.6	7.9	96.2	111.6	11.6	
正常	0	30%	7.27	7.9	92.0	106.7	6.7	
较为悲观	-5%	20%	6.9	7.9	87.3	101.3	1.3	
一般悲观	-10%	10%	6.5	7.9	82.3	95.5	-4.5	
极度悲观	-20%	5%	5.8	7.9	73.4	85.1	-14.9	

根据亏损概率，阿秋将可转债打新申购分成 4 个推荐等级。

亏损概率在 10% 以下的，为“建议积极申购”；

亏损概率在 10%~25% 之间的，为“建议申购”；

亏损概率在 25%~35% 之间的，为“建议谨慎申购”；

亏损概率在 35% 以上的，为“建议放弃申购”。

预期收益作为一个加分项或者减分项，来对推荐等级做微调。

例如，一只可转债，根据表格计算，它的亏损概率刚好在 35%，但是预期收益比较高，那么它依旧可以列入“建议谨慎申购”；另外一只可转债，它的亏损概率虽然只有 35%，但是预期收益很低，那么它也可能会被阿秋列为“建议放弃申购”。

投资者需要根据市场情况、可转债的具体情况，更加灵活地进行筛选。

阿秋的 Quiz

1. 根据发行公告书，某可转债的转股价是 4.9 元，正股收盘价格是 5 元，目前所处行业的可转债溢价率大约为 10%。

请通过阿秋提供的打新筛选表格计算一下，看看这只可转债是否值得申购，预期亏损概率和预期单签收益分别是多少？

模拟行情	涨跌幅度	出现概率	正股价	转股价	转股价值	转债价格	预期收益	预期单签收益
极度乐观	20%	5%						
一般乐观	10%	10%						
较为乐观	5%	20%						
正常	0	30%						
较为悲观	-5%	20%						
一般悲观	-10%	10%						
极度悲观	-20%	5%						

（答案：该可转债预期亏损概率为 5%，预期单签收益 122 元，建议申购）

6. 可转债打新配售

大家已经知道，可转债并不是单独存在的，在它的背后，一定存在着一只正股。

可转债配售，就是在可转债打新中专门为正股持有者准备的——配售就是指正股持有人可以根据所持有正股的股份数量，申请配置一定数量的可转债。

因为可转债本质上是上市公司利用股权进行的融资活动，为了保护中小股东的权益，配售这项活动才应运而生。

以 2019 年 8 月 16 日（T 日）开放申购的欧派转债（113543）为例。

对于欧派家居（603833）的持有者，交易所根据 8 月 15 日（T–1 日）的正股持有情况按比例进行配售。也就说，如果你在 8 月 15 日收盘前持有欧派家居的股票，那么当晚你的持仓里就会出现代码为 753833 的欧派配债。

1、向在股权登记日（2019 年 8 月 15 日，T-1 日）收市后登记在册的原 A 股股东实行优先配售。其中：

（1）原无限售条件股东的优先认购通过上交所交易系统进行，配售简称为“欧派配债”，配售代码为“753833”；

图 4–9　欧派转债（113543）发行公告

接着，在 8 月 16 日（T 日），在券商交易软件中选择卖出，输入代码 753833，缴纳配售金额。

一个完整的配售流程就完成了。

原股东除可参加优先配售外，还可参加优先配售后余额的申购。**原股东参与网上优先配售的部分，应当在 T 日申购时缴付足额资金。原股东参与网上优先配售后余额的网上申购时无需缴付申购资金。**

图 4-10　欧派转债（113543）发行公告

明白了什么是配售，那么你手里持有的正股究竟可以配售多少可转债呢？别着急，这一切也在发行公告里写明了，阿秋来教你怎么看，怎么算。

4、原股东可优先配售的欧派转债数量为其在股权登记日（2019 年 8 月 15 日，T-1 日）收市后登记在册的持有欧派家居的股份数量按每股配售 3.557 元面值可转债的比例计算可配售可转债金额，再按 1,000 元/手的比例转换为手数，每 1 手（10 张）为一个申购单位。原股东可根据自身情况自行决定实际认购的可转债数量。原无限售条件股东的优先认购通过上交所交易系统进行，配售简称为“欧派配债”，配售代码为“753833”。原无限售条件股东优先配售不足 1 手的部分按照精确算法（参见释义）原则取整。原有限售条件股东的优先认购通过网下认购的方式，在主承销商国泰君安处进行。

原股东除可参加优先配售外，还可参加优先配售后余额的申购。**原股东参与网上优先配售的部分，应当在 T 日申购时缴付足额资金。原股东参与网上优先配售后余额的网上申购时无需缴付申购资金。**

图 4-11　欧派转债（113543）发行公告

从欧派转债的发行公告里可以看到，每股欧派家居（603833）可以配售 3.557 元面值的可转债，再按照每手 1000 元的比例转换为手数。

要想知道你需要多少股欧派家居才能够配售 1 手的可转债，只需要用 1000 除以 3.557，再向上按照 100 的倍数取整即可（因为我国 A 股股票最小交易单位是 100 股）。

因为 1000÷3.557 ≈ 281，就是说需要 300 股欧派家居（向上按照 100 的倍数取整）才可以配售 1 手可转债。

但是这里有一个需要特别注意的地方，上交所当配售不足 1 手和深交所当配售不足 1 张的时候，各自有着各自的规则。

上交所采用的是“精确算法”。

那么，这个“精确算法”是什么样的呢？

精确算法：	**指原无限售条件股东网上优先配售转债可认购数量不足 1 手的部分按照精确算法原则取整，即先按照配售比例和每个账户股数计算出可认购数量的整数部分，对于计算出不足 1 手的部分（尾数保留三位小数），将所有账户按照尾数从大到小的顺序进位（尾数相同则随机排序），直至每个账户获得的可认购转债加总与原股东可配售总量一致**

图 4-12　欧派转债（113543）发行公告

读起来可能很难理解，阿秋给你打个比方，还是用欧派转债来说，如果你持有 200 股欧派家居，那么可以逆向计算得到能够配售到的可转债大约是 200×3.557÷1000 ＝ 0.711 手，根据上海证券交易所“精准算法”的规则，你就像是拿到了一个名叫“711”（三位尾数）的号码牌，和别人一起排队。

号码牌是“9××”和“8××”的都会排在你的前面，他们可以优先获得补齐 1 手可转债的机会。等到你前面的所有人都成功补齐 1 手了，并且欧派转债分配给股东配售的份额还有剩下，那么就轮到你啦。等到所有“7××”号码牌的人都领完了，就是“6××”“5××”……以此类推。

那么，大概号码牌在多少之前的有大概率能够补齐 1 手可转债呢？其实补齐的机会就是从号码牌是“0××”和“1××”它们手里抢来的，所以最后，所谓的“精确算法”就会非常类似“四舍五入”。

如果你只有 100 股欧派家居，100×3.557÷1000=0.356 手，这种想要配售上是没戏的，四舍五入也要讲基本法呀。

那么，深交所采用的算法又是怎么样的呢？

原股东的优先配售通过深交所交易系统进行，配售代码为“082203”，配售简称为“海亮配债”。原股东网上优先配售可转债认购数量不足1张部分按照中国结算深圳分公司配股业务指引执行，即所产生的不足1张的优先认购数量，按数量大小排序，数量小的进位给数量大的参与优先认购的原股东，以达到最小记账单位1张，循环进行直至全部配完。

图4-13　海亮转债（128081）发行公告

深交所这边没有像上交所那么精致，深交所的算法虽然没有名字，但是规则读起来简单易懂多了，就是按照小数部分从大到小排序，然后数量小的贡献出自己的份额给数量大的。

简单易懂，简洁明了。

本质上和上交所的“精确算法”是一样的，都是类似“四舍五入”的规则。

不过需要特别注意的是，由于深交所采用的是按张来计数的算法，因此配债的最小单位变成了张而不是手（1手=10张）。

上交所关于配售不足1手及深交所配售不足1张的处理方案，对抢权配售这个套利操作来说有着重大的意义，关于抢权配售的实操部分，阿秋在第七章再来详细演示。

对于正股持有者来说，阿秋建议你一定要参与可转债的配售。

假如未来正股持续上涨，可转债的收益和正股的收益可以达到“一鱼两吃”的完美效果；假如未来正股持续下跌，由于可转债的债性保底，能够一定程度上抚平正股下跌带来的亏损。

阿秋的Quiz

1.根据发行公告书，某沪市转债将按照每股配售1.37元面值可转债的比例计算配售金额，并且按照1000元/手的比例转换为手数。请问，要想100%成功地配售1手转债，需要拥有的正股股数是（　　）？

A. 729　　B. 730　　C. 800　　D. 700

（答案　1. C）

7. 可转债打新 Q&A

截至目前，可转债打新的所有信息，都在这副鱼骨图里了（图 4–14）。

你可以从鱼尾巴开始，顺着鱼骨一起回忆一下每个节点的内容。假如某个地方让你卡顿住了，再回头去看一眼，争取现在就把问题消化和解决掉。

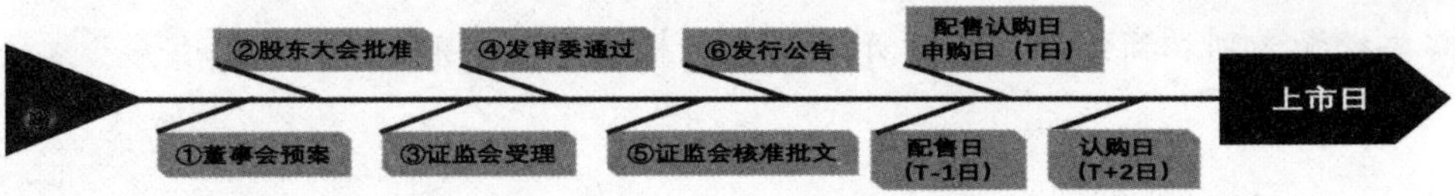

图 4–14 可转债发行流程图

可转债打新虽然理解起来很简单，但是流程和环节比较多，涉及的操作对初次接触的人来说比较繁琐，因此，阿秋专门将日常社群及公号中涉及可转债打新的 Q&A 进行了整理，单独成节，希望能够对大家有所帮助。

Q：打新好麻烦啊，券商可以一键帮我搞定吗？

A：投资最怕懒，因为懒人一般都是赚不到钱的。当然，可转债打新这种流程化的东西，目前部分券商的确提供了一键申购功能，例如华泰证券，每天早上打开券商 APP 点击一下一键申购就可以了。不过目前没有任何一家券商提供一键认购及一键卖出服务，所以这些最基本的操作还得自己来。

Q: 我申购的时候选了 1000 手可转债，每手 1000 元，我会不会中 100 万元呀？没有 100 万元缴款会不会算我违约啊？

A: 可转债是个香饽饽，很多人抢着申购的，虽然你幻想自己能中 100 万元，但几乎是不可能的。根据过往的历史，即使在行情极度低迷，并且可转债本身质地也极度糟糕的情况下，最高的中签记录也是单账户 30 手左右，也就是 3 万元。最近的可转债，中签率都在单账户平均 0.5 手以下，也就是至少需要 2 个账户才可能中 1 手，也就是 1000 元。你还幻想会中 100 万元吗？

Q: 申购可转债需不需要像股票打新一样，要求我账户里有股票啊？

A: 不需要。开户之后 0 仓位 0 资金也能立刻申购。不过创业板的可转债需要投资者到券商线下营业厅开通创业板权限才能申购哦。

Q: 可转债打新会不会亏钱呀？

A: 这个问题阿秋说了不算，你可以看看前文中阿秋的单账户实盘记录，相信你会有自己的答案。

Q: 在认购日忘记缴款了，第二天补缴可以吗？

A: 吃完饭忘记付钱就跑了，第二天良心发现回头去馆子里交钱，你猜老板会怎么对待你？

Q: 上市当日怎么卖出呢？是开盘卖出还是收盘卖出？

A: 上市之后，可转债就变成了一只可以自由交易的品种。如果有人能够教你将可转债“卖在最高点”，那么他来玩可转债真是屈才了。阿秋一般开盘就出，这样省心省力。当然，如果遇上远低于预测价位的价格，也会参与低价博弈（参考第七章）。

Q: 认购的钱可以是账户里的什么钱呢？逆回购的钱可以吗？

A: 认购的钱需要是账户里可用的钱。如果把钱拿去逆回购了，这笔钱就被占用了，当然无法认购可转债。

Q: 申购时间是多久呢？下午 4 点之后还可以申购吗？

A: 高考开考晚到 1 小时还让进门吗？请在股市开市时间进行申购、认购、卖出等工作（工作日上午 9:30–11:30，下午 1:00–3:00）。部分券商允许提前和延后进行操作，具体规定以券商为准。

Q: 可转债打新的中签率是如何估算的？

A: 假如 A 转债预计发行 10 亿元，并且大股东承诺会认购 50%（一般大股东都不会这样说），那就是剩下的 5 亿元由网上申购的散户瓜分。根据近期打新申购人数（比如 30 万人）进行估算，5 亿元 ÷30 万人 =1666 元 / 人，也就是平均单账户中签 1.67 手。

Q: 网下打新是怎么回事？

A: 假如持有机构户或者公司户，在券商处缴纳 50 万元保证金并且通过资质验证，就可以参与网下打新。注意，网下打新一旦出现不足额认购的情况，50 万元保证金立刻充当罚款被扣除。最重要的是，并非每只可转债都有网下打新环节。

Q: 创业板权限开通必须到柜台吗？居住的城市没有线下营业厅怎么办？

A: 每个人可以在 3 家券商开户，建议选择本地有营业厅的券商，因为很多交易权限的开设都需要临柜（比如 B 股、融资融券交易等）。如果你目前使用的券商在本地没有营业厅，建议换一家咯。

Q: 怎么知道自己的可转债有没有中签呢?

A: 最简（lan）单（duo）的方法当然是等 T+2 日券商通知你啦。当然，如果你是个急性子，想要早一点知道，那么一般来说 T+1 日晚间可转债发行公司就会公布中签号码。兑奖过程很简单，基本和彩票一个道理——比如你分配到的号码是 300-1300 号（必然是 1000 个号码连号），假如公司公布的中签号码尾数是 0375，那么恭喜你中签了；假如公司公布的中签号码尾数是 1375，那你就没中签。

Q: “集合竞价卖出”是什么意思? 为什么有人能够在 9:30 之前挂单?

A: 所谓集合竞价时间，就是在 9:30 开盘前的 15 分钟，也就是交易日的 9:15-9:30 之间。在这个时间内，按照价格优先、时间优先的原则，对所有挂单委托进行撮合，9:25 之前能够撮合成功的就会直接成交，9:25 还未成交的，就会进入 9:30 之后的连续竞价阶段（但是优先级更高）。一般来说，集合竞价普通玩家是用不上的。

Q: 可转债配售到份额之后，必须手动认购缴款吗? 如果留够钱在账户上，券商会自动帮我搞定吗?

A: 你是希望会有天使来帮你吗? 配售必须手动操作，点击卖出，输入配售代码，交钱认购。一定不要忘记了。

Q: 可转债配售好麻烦呀，要根据持有的正股股数估算配售的数量，还要提前配售认购交钱，我能只参与打新不参与配售吗?

A: 吃饭和睡觉干嘛一定二选一呢? 对于赚钱的事情来说，当然是全都要啊。

Q: 我今天刚刚在网上开户了，能立刻进行可转债打新吗？

A: 一般来说，券商都默认 T 日开户，T+1 日才能进行交易，所以打新也要再等 1 个交易日哦。

Q: 打新的时候，为什么深市的数量是 10000，而沪市的数量是 1000 呢？

A: 因为沪深两市用的单位不同，沪市用的是手，深市用的是张，1 手 =10 张。

Q: 可转债打新的中签率是如何查看的呢？

A: 一般来说，当你在 T 日申购可转债之后，T 日晚间上市公司就会发布网上发行中签率的公告，在公告中找到图 4-15 里的内容。

三、社会公众投资者网上申购结果及发行中签率

本次发行最终确定的网上向社会公众投资者发行的先导转债总计为 **336,798,000** 元（**3,367,980** 张），占本次发行总量的 **33.68%**，网上中签率为 **0.0348628059%**。

图 4-15　先导转债（123036）网上发行中签率的公告

可以看到，先导转债的网上中签率是 0.0348628059%。因为顶格申购是每人 1000 手，因此每个人单账户平均中签数量就是 0.0348628059%×1000=0.34 手。从概率上来讲，申购 1÷0.34 ≈ 3 户才能中 1 户。

第五章

低风险年化收益率 30% 的可转债组合——强赎制霸

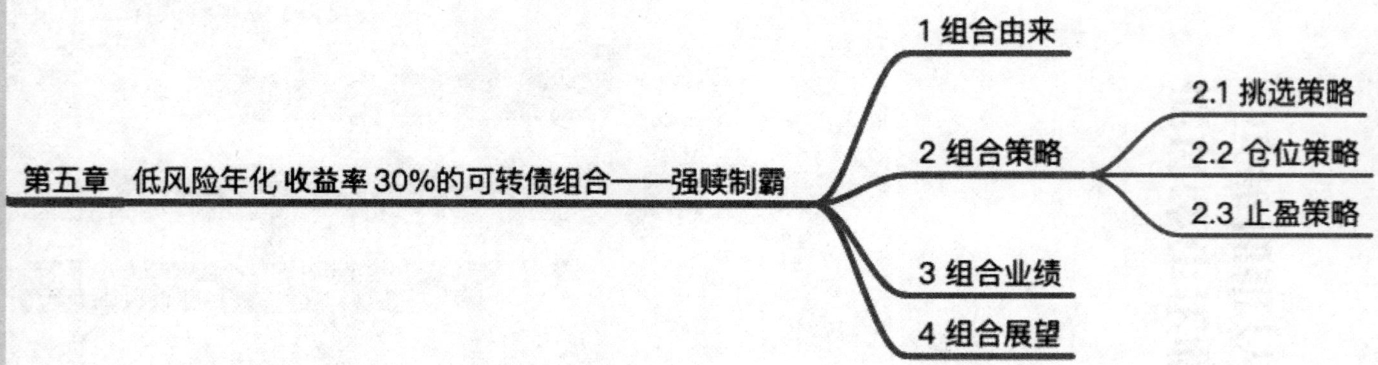
第五章　低风险年化 收益率 30%的可转债组合——强赎制霸
1 组合由来
2 组合策略
2.1 挑选策略
2.2 仓位策略
2.3 止盈策略
3 组合业绩
4 组合展望

1. 组合由来

学完了可转债打新，普通人能够参与的最简单的玩法就已经学会了。

当然，阿秋猜测大家并不会就此满足——可转债打新的收益率高得惊人，但是单账户的收益毕竟是有限的。

所以在第五章，阿秋为大家介绍一个简单易操作的可转债玩法——可转债组合，并且以阿秋建立组合的思考、策略制定的始末以及实盘数据来做展示。

将可转债打新摸熟玩透之后，阿秋决定向可转债组合迈步了。

由于这是阿秋创建的第一个可转债组合，事关这个细分领域的投资前途，所以在创建组合的最重要一步——策略选择中，阿秋反复考虑了很多。

是走技术流派，靠机器来做高频无脑轮动吗？

是走价值流派，靠读财报来做价值选债吗？

还是走消息流派，靠内幕消息来高抛低吸？

……

不不不，阿秋很快清醒了——这些都不适合自己。

古罗马著名哲学家爱比克泰德有句名言：“在生活中，一些事情是我们能控制的，一些事情是我们不能控制的。所以我们需要一种理性的能力，让我们既能思考自我，又能思考万事万物。”

芒格和巴菲特这两位投资大师也告诉我们，投资成功最重要的是“能力圈原则”——在投资这个事情上，明白自己的能力圈在哪里是最重要的。更重要的是，能够在各种利益的诱惑下，守住自己的能力圈。

市场里的大部分人，总是不满足年化收益率20%这样的收益，总是希望通过低吸高抛大赚一笔。

市场里的大部分人，都不希望用 30 年、40 年甚至 50 年的时间来实现财务自由，总希望一夜暴富。

这种贪婪，这种对自己能力的高估，是绝大多数人在通向财务自由道路上的重要障碍。

投资者需要对自己的能力圈有清醒的认识，要明白自己有没有能力高抛低吸，有没有能力获取短期内市价波动的利润。（关于能力圈这件事的思考，阿秋在附录 3 有专门的讲解。）

基于自己能力圈的考虑，阿秋创建了第一个组合——

这个组合操作频次极低，即使在行情最红火的月份，月内调仓次数也只是两三次。

这个组合无需每日盯盘，可以白天上班，晚上复盘。

这个组合没有复杂的技术指标，该买还是该卖，一眼就能看得出。

最后，也是最重要的，这个组合能够在除去疯牛阶段的时间里都跑赢大盘。

听了以上这些要点，如果你觉得这种组合投资也适合你，那就跟着阿秋继续学习吧。

2. 组合策略

可转债的历史统计数据告诉我们：90% 的可转债都会迎来强赎结局。

也就是说，只要在低价格（价格越低越好）的时候买入可转债，安心拿着等待强赎到来（一般来说为 130 元以上）即可。

按照历史数据测算，这样的组合策略年化收益率大约在 20%~30% 之间。

基于此，阿秋的“强赎制霸”组合也就诞生了。“强赎制霸”的意思是“只要等到强赎，就可以制霸天下”。

“强赎制霸”的策略是这样的：

①熊市底部阶段：按照价格优先的原则，到期收益率优先买入；

熊牛转换阶段：按照价格优先原则，转股溢价率优先买入；

②不做任何精研，无脑摊大饼，分梯度加仓；

③强赎才卖，分批止盈。

嗯，就是这 3 句，没了。

是不是觉得有点少？

其实不少哦，构建一个组合，有这 3 句话已经足够了。

接下来阿秋将从挑选策略、仓位策略、止盈策略这 3 个方面详细介绍“强赎制霸”组合原理。

2.1　挑选策略

“强赎制霸”策略①，其实讲的就是在组合中挑选可转债的策略。

首先大家会注意到，熊市底部阶段和熊牛转换阶段，“强赎制霸”的挑选依据是不一样的——在熊市底部，是按照价格和到期收益率来挑选的；在熊牛转换阶段，是按照价格和转股溢价率来挑选的。

为什么在不同时期会有不同的挑选策略呢？因为在不同的时期，我们在意的产品属性会大不相同。

在熊市底部阶段，阿秋选用了可转债价格和到期收益率来作为筛选指标——价格永远是可转债的第一要素，而在熊市底部极度悲观的情绪下，可转债的债券属性是被高度重视的，到期收益率作为最硬的债券属性指标，保证了可转债的收益安全。

也就是说，在熊市底部阶段，谁价格低就买谁。在同样低价格的可转债里，谁的到期收益率更高就买谁。

一般来说，可转债的数据网站都会提供单维度的数据排序功能。但是如果按照双维度来筛选数据，可能就不太方便了。

这里阿秋特别推荐一下富投网的散点图这个分析工具，可以直接以转债价格和到期收益率作为双维度来绘制图形，能够一眼看出谁的价格更低且谁的到期收益率更高。

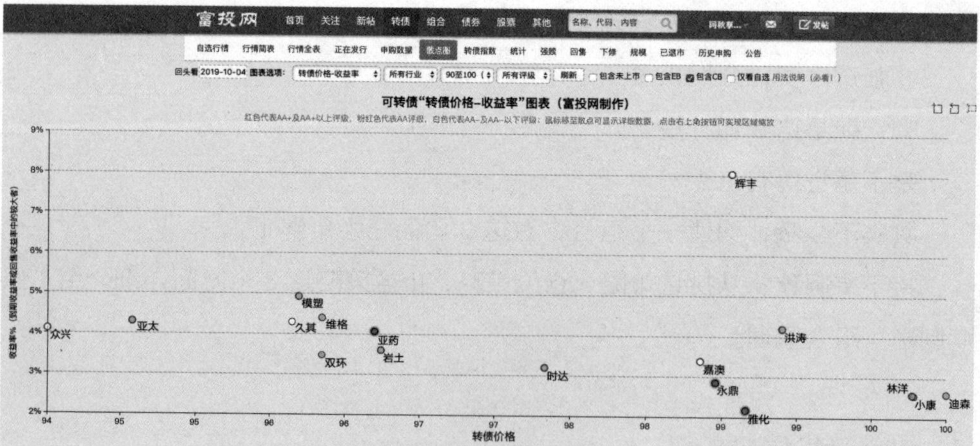

图 5-1 富投网散点图——转债价格 - 收益率

因为转债价格是越低越好，因此代表转债价格的横坐标是越小越好；因为到期收益率是越高越好，因此代表到期收益率的纵坐标是越大越好。对应到图 5-1 中，也就是越靠近左边越好，越靠上越好。有了这样的挑选原则，从图 5-1 中可以很容易就找到最符合目标的可转债。

比如，你要比较众兴转债（128026）和亚太转债（128023）的优劣，通过图 5-1 就会发现，价格更低的众兴转债会更好一些。比如你要比较价格差不多的维格转债（113527）和双环转债（128032），通过图 5-1 就会发现，到期收益率更高的维格转债会更好一些。

在熊牛转换阶段，阿秋将可转债价格和转股溢价率作为筛选指标——价格永远是可转债的第一要素，而在熊牛转换阶段，要想让可转债跟随正股上涨，可转债的股票属性就很重要，因此，选择溢价率更低的可转债也就是选中了股票属性更佳的可转债。

也就是说，在熊牛转换阶段，谁价格低就买谁，在价格同样低的可转债里，谁的转股溢价率更低就买谁。

在这一阶段筛选可转债，大家依旧可以使用富投网的散点图。

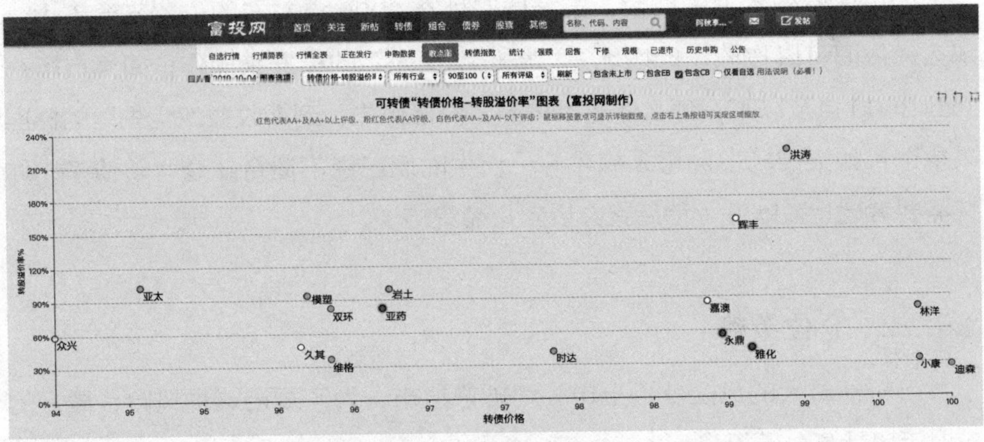

图 5-2　富投网散点图——转债价格 - 转股溢价率

因为价格是越低越好，因此代表可转债价格的横坐标是越小越好；因为转股溢价率是越低越好，因此代表转股溢价率的纵坐标是越小越好。对应到

图 5-2 中，也就是越靠近左边越好，越靠下越好。根据上述原则，从图 5-2 中可以很容易找到最符合目标的可转债。

比如，你要比较众兴转债和久其转债的优劣，通过图 5-2 就会发现，价格更低的众兴转债会更好一些；比如，你要比较价格差不多的维格转债和双环转债，通过图 5-2 就会发现，转股溢价率更低的维格转债会更好一些。

你可能还会有一点困惑——这里给出了两种挑选策略，究竟现在市场是处于什么时期，应该选择哪一种标准呢？

关于市场所处牛熊时期判断这一点，你无需多费心，因为这是一件注定只能看后视镜才知道的事情，如果你能精准地分辨市场的牛熊，显然这样的天纵之才无需浪费在投资可转债上。

阿秋在“强赎制霸”组合建仓的时候，市场停留在 2500 点的位置，是真真正正的熊市底部，所以采用了“价格优先，到期收益率优先”的标准挑选标的。目前市场在 3000 点左右，已经算得上脱离熊市底部，进入熊牛转换阶段了，因此从 2019 年 2 月开始，阿秋一直采用的是“价格优先，溢价率优先”这一标准来挑选标的。

如果你看到本书的时候，市场依旧处在 3000 点左右的位置不温不火，那么你依旧可以按照“价格优先，溢价率优先”的标准来操作；如果市场跌回到 2500 点及以下，那么你可以按照“价格优先，到期收益率优先”的标准来挑选；如果市场已经进入疯牛……疯牛时期已经不适合建仓可转债了，你只需要考虑止盈就好（稍后就会讲到止盈策略）。

2.2　仓位策略

可转债最大的风险就是上市公司破产退市，为了规避这种风险，最好的应对手段就是分散投资。

阿秋从一开始就计划“强赎制霸”的持仓里会有 10~20 只可转债。

为什么是 10~20 只呢？ 5 只可以吗？ 30 只可以吗？

假如持仓中只有 5 只可转债，那么平均每只持仓将有 20%，这个比例太高了。假如持仓中有 30 只可转债，那么平均每只持仓只有 3%，这个比例又过低了。

因为阿秋希望这个组合是无需深研每只可转债的懒人组合，因此在各只可转债的仓位分配上，采用了摊大饼的方式——也就是最初建仓买入的时候平均分配仓位。

所以在最初的时候，阿秋将自己的本金分成了大约 20 份，每一份是 5%，然后在初次建仓的时候，选取了 12 只可转债，每只买入 1 份，这样 60% 的仓位就花掉了。

代码	名称	买入时间	到期时间	成本价
128023	亚太转债	2018/6/12	2023/12/8	89.264
127004	模塑转债	2018/6/12	2023/6/2	89.013
123001	蓝标转债	2018/6/12	2022/12/18	88.973
128013	洪涛转债	2018/6/12	2022/7/29	87.562
127003	海印转债	2018/6/12	2022/6/8	86.944
128012	辉丰转债	2018/6/12	2022/4/21	82.707
128037	岩土转债	2018/6/19	2024/3/5	87.111
128038	利欧转债	2018/6/19	2024/3/22	87.31
128018	时达转债	2018/6/19	2023/11/16	87.69
113502	嘉澳转债	2018/6/19	2023/11/9	88.46
113014	林洋转债	2018/6/19	2023/10/27	89.3
128026	众兴转债	2018/6/20	2023/12/13	86.765

图 5–3　2018 年 6 月 24 日强赎制霸建仓

接着，为了提高收益率，阿秋将当前组合中价格更低的可转债按照价格梯度完成了加仓。例如建仓买入价格线是 90 元，那么当该可转债跌到 80 元的时候，阿秋会再买 5% 的仓位，当它跌到 75 元的时候，阿秋会再买 5% 的仓位……

比如辉丰转债，阿秋就是严格按照分梯度加仓的策略，一步步将它的成本做到了 77 元——当辉丰转债跌到 80 元的时候，大家都喊辉丰危险了，阿秋完成了一次加仓；当辉丰转债跌到 75 元的时候，大家都说这已经创了可转债的历史最低价，辉丰转债完蛋了，阿秋又完成了一次加仓；当辉丰转债跌到 71 元的时候，市场里基本都认为辉丰确定要破产了，阿秋则完成了又一次加仓。

既然最初制定的策略里无需考虑“消息面”这个指标，那就不要去关注，盯好自己的策略，好好执行它就可以了。

按照这样的仓位策略，“强赎制霸”整体仓位会维持在 90%~100% 之间，也就是始终会留有 1~2 只新债可以上车的机会。

分梯度加仓策略，是阿秋为了提高收益率而做的权重配置。大家也可以选择更加无脑的方式，假如你想买入 10 只可转债，就把总资金分成 10 份，每次买入 10% 就可以了。

2.3 止盈策略

在最初的策略思考里，阿秋已经讲到，“强赎才卖”是止盈策略的总方针。

我们也很清楚，大部分可转债强赎的底线是 130 元，因此对价格尚未达到 130 元的可转债就不再做任何关注和思考——因为它们都不应该止盈。

当达到 130 元之后，是不是立刻就把可转债全部卖出呢？对于普通投资者来说是的，130 元卖出，开开心心没烦恼。

对组合收益有更高期待的人来说，有没有更好的止盈方法呢？

下面来观察一下历史数据。

通过观察大量已退市的可转债数据，大家会发现，大部分可转债在最终强赎退市之前，都至少会有 1 个冲高的过程。冲高的次数虽然不多，但每一次冲高都有可能带来超额收益，然而大部分普通投资者根本没本事把可转债卖在最高点。

这里，阿秋告诉大家另一种止盈方法——回落止盈法。

阿秋先把这种方法的具体操作放在最前面：**达到 130 元的价格之后，在可转债冲高过程中，回撤 10%（或者回落 10 元）即退出。当然，大家也可以根据自己的喜好，把回撤幅度设置成 8% 或 12% 等。**

这种方法有效吗？阿秋就以下面几个已经强赎退市的可转债来演示一下。

①第一种类型——上升型。

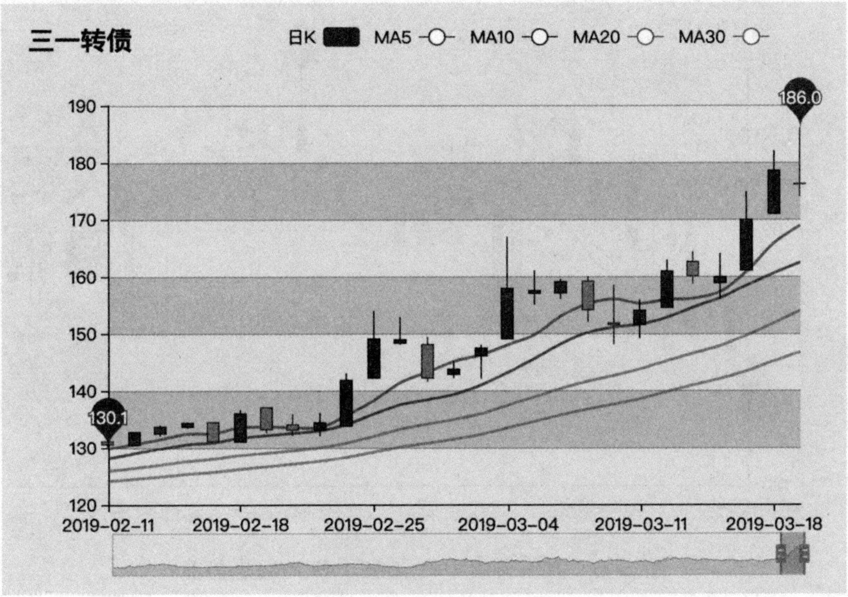

图 5-4　三一转债（110032）日 K 线走势图

从图 5-4 中可以看出，三一转债（110032）从触发强赎开始，直到强赎退市期间，一直呈单边上升走势，这种可转债是投资者最喜欢的。

当可转债持有人发现可转债价格突破 130 元之后，只需要安心持有，等到最后 1 个交易日，就会以 186 元的价格成功止盈。由于单边上涨过程中没有明显的震荡和回落，投资者能够非常舒服地赚到足够多的收益。

②第二种类型——震荡型。

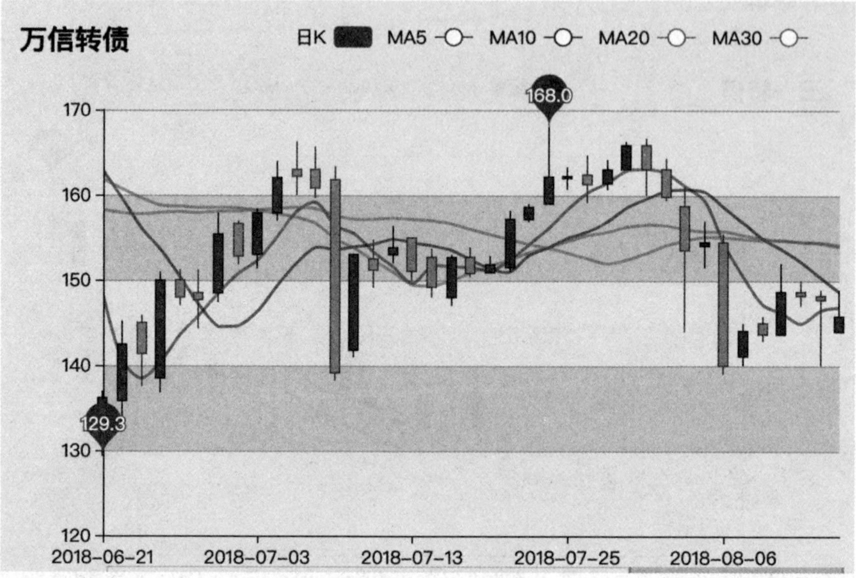

图 5-5　万信转债（123005）日 K 线走势图

以万信转债（123005）为例。从图 5-5 中看到，转债价格突破 130 元之后一路上升，很快来到了 163 元这第一个高峰，之后便出现了一波极速下跌。假如采取回落 10% 止盈的策略，那么当万信转债从 163 元下跌到 146 元的时候，就可以卖出了。

假如没有采用这个止盈策略，而是选择一直持有，随着万信转债的价格波动上上下下，1 个月之后，你会以 143 元的价格迎来最后 1 个交易日——相比之前建议出手的 146 元来说，你不仅没有多赚到钱，甚至还搭进去了 1 个月的机会成本和时间成本。

③第三种类型——冲高型。

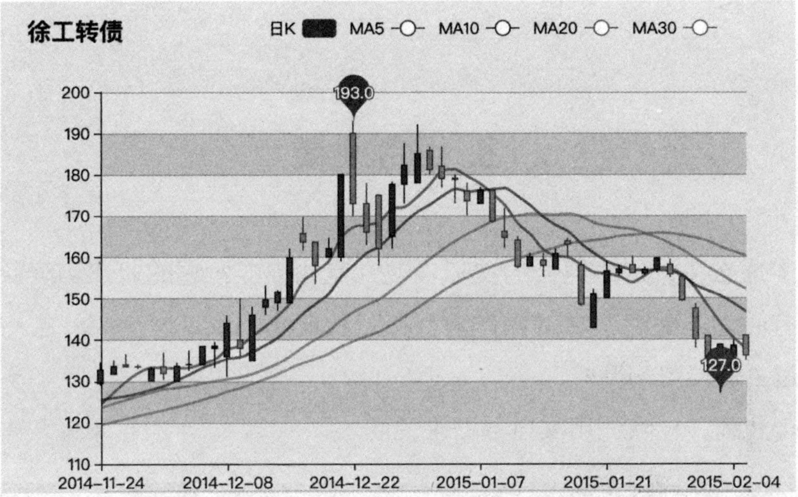

图 5-6 徐工转债（127002）日 K 线走势图

冲高型的可转债其实是最适合阿秋的这个回落止盈策略了。

以徐工转债（127002）为例，从图中可以看到，在可转债价格达到 130 元并且触发强赎之后，它有一次剧烈的冲高，最高达到了 193 元的价格。之后基本就是单边向下，直到最后强赎退市。

按照回落止盈的策略，应该在大约 174 元的位置止盈。相比最终强赎退市的 124 元，这是一个非常漂亮的卖出价格了。

当然，对于能力更强的朋友来说，可以选择更加考验技术的分批止盈策略，这样的策略可能会博取更高的收益。

例如，当可转债价格达到 130 元时，卖出 1/3 的仓位；达到 150 元时，再卖出 1/3 的仓位；达到 180 元及以上时，清仓止盈（具体的价格划线和仓位比例可以调整）。

以上所有阿秋提到的止盈策略，不仅适用于可转债，在其他一些套利操作中也很实用。

这些不是阿秋首创的投资策略，很多专家都介绍过这些方法，阿秋不过是拿到可转债中来运用而已。最终效果如何，就让我们到实盘中去验证吧。

3. 组合业绩

说了这么多，这个组合的实际表现究竟如何呢？它的业绩和阿秋前期付出的所有心力匹配吗？它的操作难度和阿秋最初的预期吻合吗？它有没有破坏阿秋过去的投资习惯？

关于业绩，让我们用实盘数据来说话。

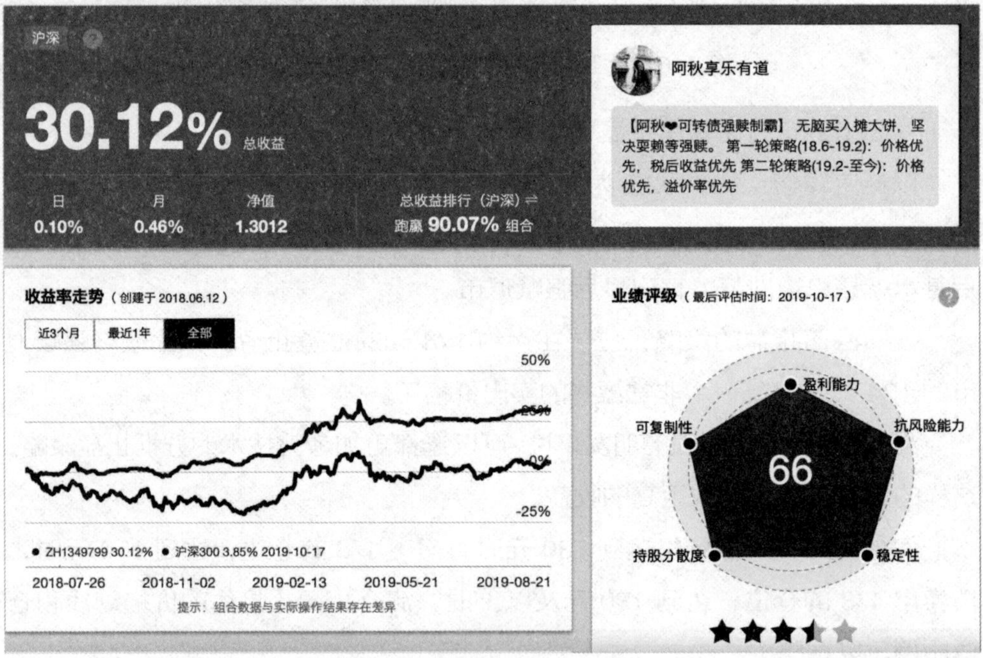

图 5-7　“强赎制霸”实盘数据

阿秋的可转债“强赎制霸”组合创建于 2018 年 7 月 3 日，截至 2019 年 10 月 17 日，该组合的持仓收益率为 30.12%，同期沪深 300 指数上涨幅度为

3.85%，超额收益 26%，跑赢了雪球上 90% 的组合。

从业绩方面来说，该组合算得上优秀了。

在过去的 15 个月中，除去最初的建仓，该组合阿秋一共调仓了 31 次，月平均调仓 2 次，满足了阿秋预期中低频调仓的要求。

该组合的技术指标就是价格、到期收益率、转股溢价率这几个可转债最基本的属性，没有任何复杂的计算公式和拟合参与，靠着富投网的散点图就可以完成一图建仓的小白式操作，懒人式投资的目标达到了。

这个组合无需白天盯盘，只需要在每晚复盘时（甚至以周的频次来复盘影响也不大，因为可转债整体波动性都很小），按照策略观察一下数据即可，观察数据的方式和建仓加仓的方式是一样的，就是看图说话。如果有调仓需要，第二日开盘前挂好条件单即可。

躺赢沪深 300 指数，不影响白天工作，大写的完美。

阿秋记得，在这 15 个月里，组合的持仓里爆发过几只“巨能赚钱”的可转债，比如华通转债（128040）、利欧转债（128038）、金农转债（128036）等。这些转债的具体操作以及回顾，阿秋都写在了自己的公众号里，感兴趣的读者可以自行取阅。

如果不是以摊大饼的方式构建组合，想要从近 200 只可转债中踩中这几只“巨能赚钱”的标的，那就只有 0% 和 100% 的差别。但是对于一个组合来说，踩中的概率就提高了许多。

希望大家也能够借由这短短的一节，体会到可转债组合的魅力。

4. 组合展望

按照目前的数据来看，“强赎制霸”这个组合已经经受住了熊市底部的考验，在熊牛转换期间也依旧表现出色。

该组合未来会走向何方？阿秋还可以继续为这个组合做些什么？

首先，在挑选策略上，目前阿秋的策略只针对熊市底部和熊牛转换期间。在未来的疯牛期间，以及在牛市下坡期间，适合用来挑选可转债的依据又是什么呢？还是价格、到期收益率或者转股溢价率这几个指标吗？

虽然阿秋已经通过分散转债持仓的方式对“强赎制霸”做了风险控制，但是仓位策略方面依旧可以做更多精细化的考虑。

比如是否应该更多地考虑行业之间的可转债配比——不仅控制单只可转债的持仓，也控制行业的持仓？

比如是否应该更多地考虑不同信用评级之间的可转债配比，让整个转债组合的系统性风险进一步降低？

另外，关于止盈策略方面，市场里还存在很多前辈总结出来的更加有建设性的止盈策略，能够最大限度抵御人性的贪婪，保证收益落袋。

最后，当“强赎制霸”策略逐渐趋于成熟之后，阿秋可能会考虑通过技术手段来实现自动交易——毕竟在执行策略方面，计算机比人类强大太多了，所以继续努力地学习 Python 也是必须的。

目前该组合的持仓及收益数据在阿秋公众号里每月的可转债直播中已经公开，欢迎关注和跟踪。

第六章

零风险年化收益率 10% 的可转债组合——回售摸彩

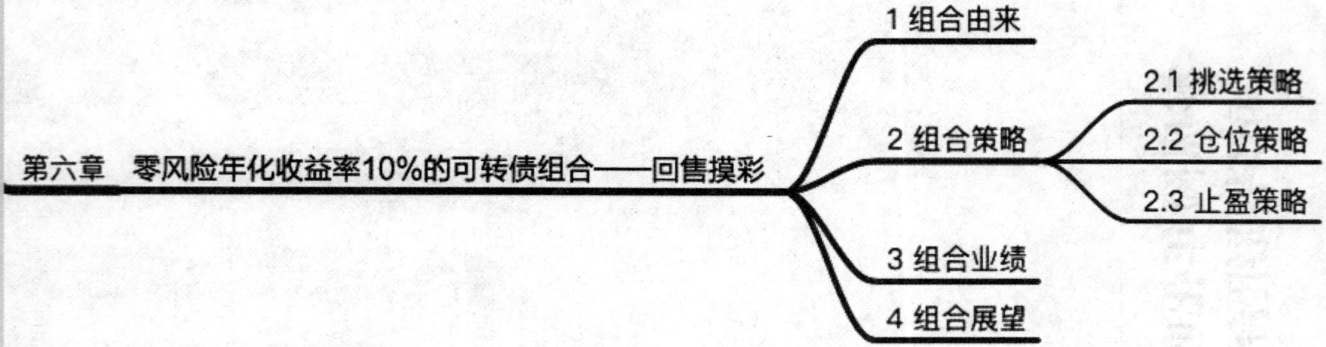
第六章　零风险年化收益率10%的可转债组合——回售摸彩
1 组合由来
2 组合策略
2.1 挑选策略
2.2 仓位策略
2.3 止盈策略
3 组合业绩
4 组合展望

1. 组合由来

在“强赎制霸”成功运行 12 个月并且方方面面都稳得让人放心之后，阿秋就动了要开第二个组合的想法。

这里涉及“能力圈理论”之后的另外一个经典理论——“舒适区理论”。

在经历了舒舒服服地躺着赚钱的“强赎制霸”之后，阿秋打算摆脱舒适区，继续探究更多可转债组合的可能性。

第二个组合的策略选择从一开始就让阿秋很头疼。

市场里其他一些大 V 的组合群集，往往是在一个固定的方向上通过微调挑选策略、仓位策略、止盈策略中的某一环来实现的——比如一个大 V 做了五六个可转债组合，但是改变的只有挑选策略——第一个组合按照低价格来轮动，第二个组合按照低溢价率来轮动，第三个组合按照盘中折价来轮动……

阿秋想做一些完全不一样的东西。

因为已经有了“强赎制霸”珠玉在前，可转债股票属性这一块的玩法也就是这样了，因此第二个组合阿秋打算从可转债债券属性着手。

2019 年 6 月，因为阿秋手里的固定收益类产品陆续到期（固收类产品一般指债权类资产，比如银行理财产品、债券、P2P 等），手里突然多了一笔钱。在此之前，这笔固收类资产都是投资 1 ~ 2 年时长的产品，年化收益率在 4%~6% 之间。

就在阿秋为这笔钱重新规划下一个 1 ~ 2 年投资计划的时候，突然发现这就是老天赏赐的一个机会——可转债也是一种债券呀，既然这些钱都是投固定收益类产品的，那是不是也可以划出一部分去投资可转债呢？

但阿秋也有些疑虑，把可转债当做固收类产品来做，能够取得和之前时长、收益、风险都差不多的结果吗？

萌生了这个想法之后，阿秋决定从基础计算开始，研究可转债的债性组合策略。

2. 组合策略

在第一章和第二章中，阿秋讲过，可转债是一种存续期在 5 ~ 6 年之间，票面利率极低的债券（一般来说票面利率只有 1%~3%）。

既然可转债本身就是债券，是不是只要按照纯债的方式来配置和操作就可以了呢?

如果从可转债上市的时候就申购，最坏的情况就是这只可转债背后的大股东觉得还钱无所谓，最终让可转债以纯债的形式走完 6 年。这种情况对于可转债持有者阿秋来说，就是妥妥跑输通货膨胀给银行送钱。不仅如此，这项投资的时长可能需要横跨整个可转债的存续期——可能是 5 年或者 6 年，并且中途不能退出。

这样不动脑筋的策略也太糟糕了。

还记得阿秋最初的目标吗?

阿秋想找的，是和银行理财产品一样，存续时间较短（1 ~ 2 年），收益持平甚至超过 4%，安全性也相当的可转债组合。

阿秋很快把注意力集中到了时间这个要素上。

要想让可转债在 1 ~ 2 年内就有收益，连“强赎制霸”都做不到（根据历史数据，可转债从上市到强赎平均需要 2.6 年的时间）。

但是除了强赎这个条款之外，可转债还有一个条款，是和 1 ~ 2 年这个时间点完全吻合的——回售。

（十六）回售条款

1、有条件回售条款

本次发行的可转债最后两个计息年度，如果公司股票在任何连续三十个交易日的收盘价格低于当期转股价格的70%时，可转债持有人有权将其持有的可转债全部或部分按债券面值加上当期应计利息的价格回售给公司。

图 6-1 华夏转债（128077）发行公告

以华夏转债（128077）为例，进入回售期的可转债，一般已经进入可转债发行的第 5 年或者第 6 年（最后两个计息年度），也就是离可转债到期日不超过 2 年了。如果在回售期间因为正股价格太低而触发回售条款，那么可转债持有人就可以按照约定的价格（一般来说是面值加上当期应计利息）将可转债回售给上市公司，上市公司无权拒绝。

这不就是符合需求的完美策略吗？

①时间较短（1 ~ 2 年）——离可转债到期日只有 2 年，如果触发回售则会提前结束；

②安全性极佳——可转债违约的事件目前从来没有发生过；

③收益持平甚至超越 4%——可以挑选回售收益在 4% 及以上的可转债来构建组合。

还有更棒的一点——除了获得回售的保底收益之外（也就是 4%），你甚至还拥有了博弈可转债下修甚至强赎的可能性。也就是说，采用这样的策略构建的可转债组合，不仅可以保底，还有不小的概率冲击更高的收益。

这可不就像是玩彩票一样吗？

“回售摸彩”就是在这样的背景下诞生的，它的策略是这样的：

①按照回售收益率挑选可转债；

②不做任何精研，无脑摊大饼，分梯度加仓；

③触发回售全仓止盈，提前到达回售价格后分批止盈。

接下来阿秋将从挑选策略、仓位策略、止盈策略 3 个方面来介绍“回售摸彩”这个组合。

2.1　挑选策略

因为回售条款是“回售摸彩”这个组合的保护伞，所以这一次在挑选方面就非常简单了——按照税前回售收益率降序排列即可。

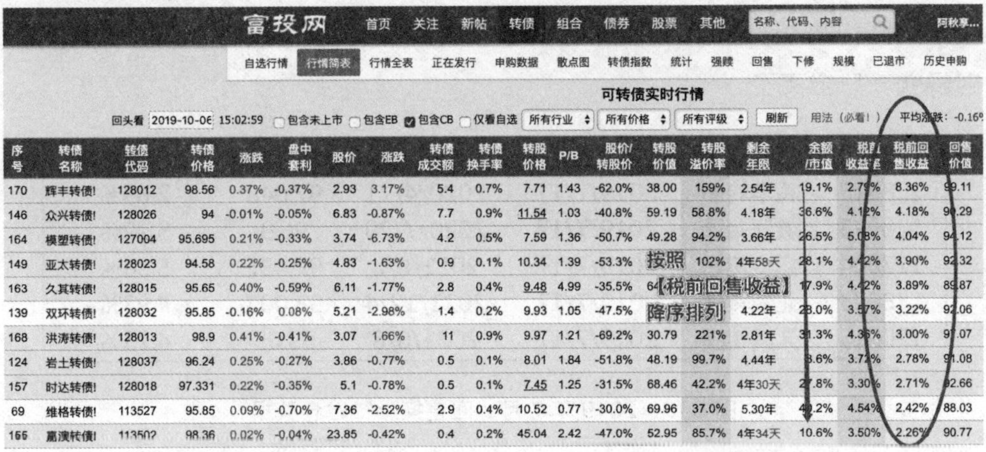

序号	转债名称	转债代码	转债价格	涨跌	盘中套利	股价	涨跌	转债成交额	转债换手率	转股价格	P/B	股价/转股价	转股价值	转股溢价率	剩余年限	余额/市值	税前收益率	税前回售收益	回售价值
170	辉丰转债!	128012	98.56	0.37%	-0.37%	2.93	3.17%	5.4	0.7%	7.71	1.43	-62.0%	38.00	159%	2.54年	19.1%	2.79%	8.36%	99.11
146	众兴转债!	128026	94	-0.01%	-0.05%	6.83	-0.87%	7.7	0.9%	11.54	1.03	-40.8%	59.19	58.8%	4.18年	36.6%	4.12%	4.18%	90.29
164	模塑转债!	127004	95.695	0.21%	-0.33%	3.74	-6.73%	4.2	0.5%	7.59	1.36	-50.7%	49.28	94.2%	3.66年	26.5%	5.08%	4.04%	94.12
149	亚太转债!	128023	94.58	0.22%	-0.25%	4.83	-1.63%	0.9	0.1%	10.34	1.39	-53.3%	[illegible]	102%	4年58天	28.1%	4.42%	3.90%	92.32
163	久其转债!	128015	95.65	0.40%	-0.59%	6.11	-1.77%	2.8	0.4%	9.48	4.99	-35.5%	64[illegible]	[illegible]	[illegible]	17.9%	4.42%	3.89%	89.87
139	双环转债!	128032	95.85	-0.16%	0.08%	5.21	-2.98%	1.4	0.2%	9.93	1.05	-47.5%	[illegible]	[illegible]	4.22年	28.0%	3.57%	3.22%	92.06
168	洪涛转债!	128013	98.9	0.41%	-0.41%	3.07	1.66%	11	0.9%	9.97	1.21	-69.2%	30.79	221%	2.81年	31.3%	4.36%	3.00%	91.07
124	岩土转债!	128037	96.24	0.25%	-0.27%	3.86	-0.77%	0.5	0.1%	8.01	1.84	-51.8%	48.19	99.7%	4.44年	[illegible].6%	3.72%	2.78%	91.08
157	时达转债!	128018	97.331	0.22%	-0.35%	5.1	-0.78%	0.5	0.1%	7.45	1.25	-31.5%	68.46	42.2%	4年30天	27.8%	3.30%	2.71%	92.66
69	维格转债!	113527	95.85	0.09%	-0.70%	7.36	-2.52%	2.9	0.4%	10.52	0.77	-30.0%	69.96	37.0%	5.30年	40.2%	4.54%	2.42%	88.03
155	嘉澳转债!	113502	98.36	0.02%	-0.04%	23.85	-0.42%	0.4	0.2%	45.04	2.42	-47.0%	52.95	85.7%	4年34天	10.6%	3.50%	2.26%	90.77

图 6–2　富投网——按照税前回售收益率降序排列

从图 6–2 中可以看到，目前市场上税前回售收益率最高的是辉丰转债（128012），收益率有 8.36%，然后是众兴转债（128026），收益率有 4.18%，以此类推。

辉丰转债的回售收益率有 8.36%，这个数据具体是什么意思呢？

也就是说，假如你在此刻买入了辉丰转债，现在的价格是 98.56 元，那么等到 2020 年 4 月，该可转债进入回售期，由于正股价格太低，所以会触发回售条款，你将可以按照大约 103 元的价格将辉丰转债回售给上市公司，所以最后计算得到的年化收益率是 8.36%。

这个部分，就是阿秋说的稳得不行的靠着回售条款得到的固定收益。

假如大股东采用发布利好消息、经营好转等种种手段促使股价上涨，那么转债价格自然也是要跟涨的，涨过 103 元也是可能的。假如大股东为了实现“借钱不还”这一目标动用了下修转股价这个重型武器，那么可转债的价格将会一飞冲天，甚至奔着强赎而去了。

这个部分，就是阿秋说的“摸彩”的部分。

现在，搞明白了“回售摸彩”的具体原理之后，让我们回顾一下阿秋当时挑选了哪几只可转债进入“彩票池”吧。

阿秋 2019 年 7 月建仓的时候，市场正好处于一个较为低落的时期，当时税前回售收益率高于 4% 的可转债一共有 5 只，所以阿秋在第一次建仓的时候就 5 只全买了。

代码	名称	买入时间	回售时间	成本价	回售收益率
128012	辉丰转债	2019/7/17	2020/4/21	97.048	7.63%
128013	洪涛转债	2019/7/17	2020/7/29	96.9	5.22%
127004	模塑转债	2019/7/17	2021/6/2	92.485	5.38%
128023	亚太转债	2019/7/17	2021/12/4	93.007	4.93%
128015	久其转债	2019/7/17	2021/6/8	93.05	4.23%

图 6-3　2019 年 7 月“回售摸彩”建仓数据

从图 6-3 中大家会发现，阿秋除了记录常规的持仓成本价格和税前回售收益率之外，还记录了每只可转债开始回售的时间。

这是因为各个可转债的条款有所不同，因此进入回售的时间也可能是不同的——比如有的可转债在第 5 年可以回售，有的可转债可能第 4 年就可以回售。在同样都是 4% 的税前回售收益率的情况下，如果 A 转债在半年后就可以进行回售，而 B 转债 1 年后才会进行回售，当然应该优先考虑 A 转债——因为越是靠近回售期的可转债，越可能迫使大股东在还钱的压力下积极地采取一些避免回售的操作。

对于可转债持有人来说，大股东所能做的避免回售的操作，就是努力把可转债的价格拉回到回售价之上。这正是我们获得超额收益的关键。

由于除了税前回售收益率之外，阿秋还增加了一个回售年限（即还剩多少天进入回售期）的筛选条件，这样一来，关于“回售摸彩”的挑选策略又变成了一个双维度的筛选了。

遗憾的是，目前市面上暂时没有任何数据网站做了“回售年限 – 税前回售收益率”这个图表。

怎么办呢？

自己弄呗！

阿秋用 Python 的 requests 库爬取了数据，并且用 bokeh 库生成了图表。图中框出来的部分，就是阿秋的“回售摸彩”在寻找的，回售年限在 2 年以内，税前回售收益率在 4% 以上的标的。

看图建仓，so easy!

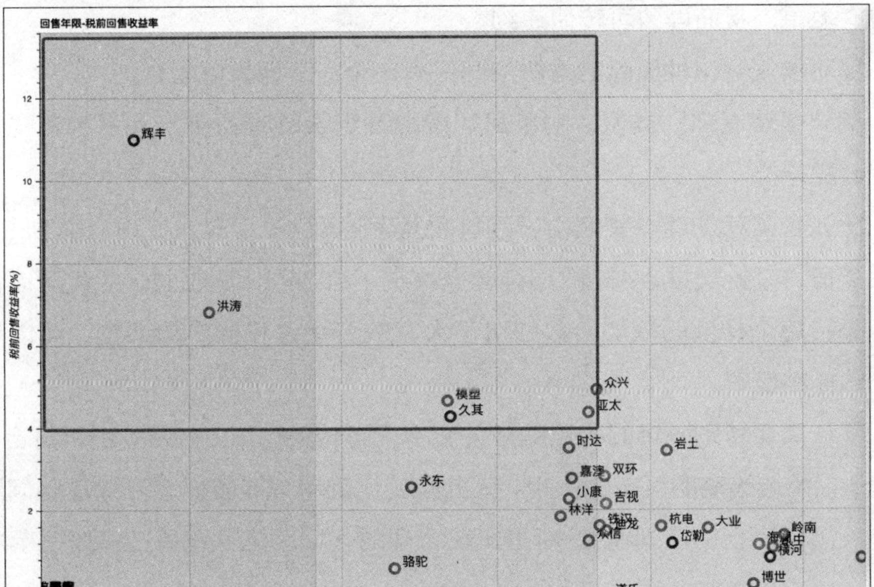

图 6-4　阿秋自制——回售年限 – 税前回售收益率图表

当然，由于能够满足“回售摸彩”挑选策略的可转债本身就是稀少的，所以不用像“强赎制霸”组合建仓的时候那样挨个比较做选择题，大家也可以像阿秋一样，全都要——小孩子才做选择题，哈哈。

2.2 仓位策略

本章标题中写到，“回售摸彩”是一个零风险年化收益率 10% 的可转债组合。严格来说，在资本市场，绝对的零风险是不存在的。这里提到的零风险，其实是阿秋觉得超低风险或者较低风险这样的词并不能特别强烈地表达“回售摸彩”这个组合的特质，因此用词上夸张了一些，希望大家对这一点有正确的认识。

对于“回售摸彩”这个组合来说，它面对的风险比“强赎制霸”组合又低了很多，毕竟它具有保底收益这样的保障。

唯一的风险，依旧是可转债逃不开的核心问题——可转债背后的上市公司破产退市，从而导致可转债违约。

尽可能规避这种风险的方法依旧只有一个——摊大饼建仓。

和“强赎制霸”类似，为了尽可能提高组合的收益率，大家也需要按照梯度分配仓位。

比如在阿秋的建仓策略中，回售收益率达到 4%，买入 1 份；达到 5%，买入 2 份，以此类推。4% 的建仓起点决定了组合的保底收益，大家可以自定义标准；每个梯度的增加份数取决于大家的资金量和操作精细度，可以按照自己的标准设置。

阿秋需要特别强调的一点就是关于单只可转债仓位的控制，由于符合“回售摸彩”挑选策略的可转债很少，因此难免出现单只可转债仓位过重的问题。将单只可转债仓位控制在 25% 是比较合理的，原因阿秋在第三章第三节中有讲到。

对了，还有一个非常重要的问题——由于“回售摸彩”是一个类固收组合，因此一定是满仓上路的。如果资金闲置，或者转入货币基金之类的产品，将严重影响组合的收益率。但是满仓之后，如果再出现别的回售收益率达到 4% 的可转债，该如何进行仓位处理呢？

按照回售收益率来挑选可转债完成建仓，前面已经完成了“回售摸彩”组合中的“回售”部分。如果你对“摸彩”这两个字有所领悟的话，就会知道——

手里的彩票号码越多，中大奖的概率越大。

对于“回售摸彩”这个可转债组合来说，假如满仓之后又有新的可转债触发了建仓条件，那么阿秋将减仓仓位最高的可转债，以便腾挪出资金来买入新的可转债。

既然说了满仓之后如何调仓，那么对应的，万一此刻市场里没有符合筛选条件的可转债怎么办呢？

阿秋建议大家选择风险及收益率相近的固收类产品来替代（例如国债），目的是暂时承担仓位，然后只需耐心等待，等待符合要求的可转债出现。

2.3　止盈策略

既然回售是该组合的安全线，那么当可转债的正股股价跌到神仙也难救，并且大股东也不采取任何动作挽救股价，最终导致回售被触发时，止盈是最理智的行为。

在可转债触发回售的时刻止盈，就能轻松拿到保底收益。

那么“摸彩”部分呢？

对于那些大股东很积极并且趁着各种东风价格扶摇直上的可转债，很可能会提前达到回售价位，并且还会继续上涨，说不定还有冲击强赎价位的可能。

如果慌慌张张地在这些可转债到达回售价格时就清仓走人，那么这就只是一个单纯的回售组合，称不上“回售摸彩”了。

为了获得更好的收益，分批止盈是最好的选择。

阿秋是这样规划的——提前达到回售价格，止盈 1/3；达到 110 元，止盈 1/4；达到 120 元，止盈 1/4；如果有冲击更高价格的可能，剩下的全部清仓。

分批止盈的价格和仓位，可以根据个人经验和习惯进行调节，不用拘泥于死板的标准，执行才是关键。

只有按照纪律执行，才能克服人性中的贪欲。

举个最简单的例子，假如辉丰转债在 2020 年 1 月突然达到 102 元了，这个时候，你知道它在4月就可以按照103元进行回售，你会考虑此刻卖出（或者部分卖出）辉丰转债吗？

如果仅仅从回售这个角度来考虑，似乎此刻止盈收益率会更好，毕竟都102元了，最后3个月也就多赚1块钱。但是你内心对于价格如何波动可能也充满了疑虑，万一这只是辉丰转债起飞的第一步，之后有更高的价格呢，现在出掉（或者出掉一部分）不就是卖飞了吗？

希望大家从这个例子能够明白阿秋每次在制定策略的时候，为什么需要考虑这么周全，这也是阿秋的良苦用心所在。

3. 组合业绩

从 2019 年 7 月建仓开始，“回售摸彩”也运行了 3 个多月了，它现在的业绩如何呢？还是让我们来看数据吧。

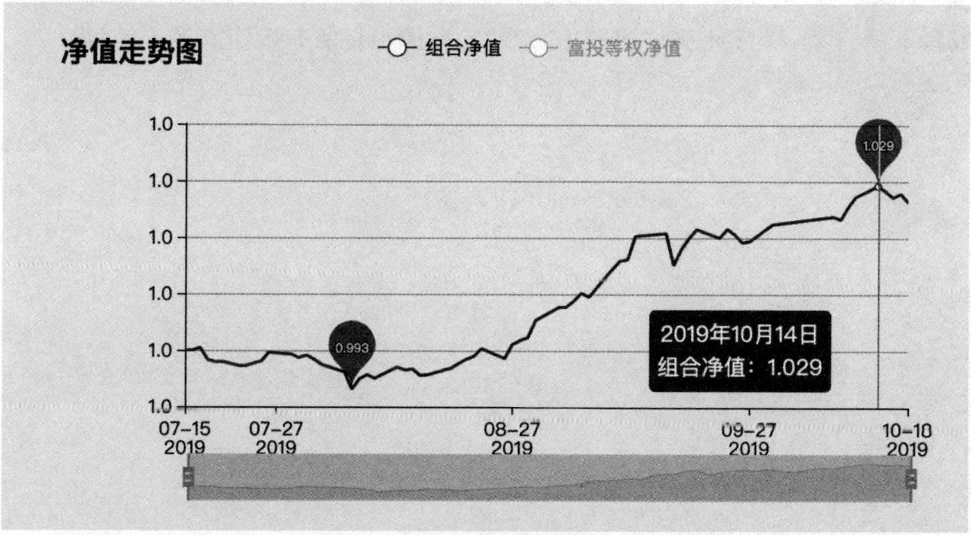

图 6-5 “回售摸彩”实盘数据

阿秋的可转债“回售摸彩”组合创建于 2019 年 7 月 15 日，截至 2019 年 10 月 18 日，该组合的收益率为 2.9%，年化收益率为 11.6%。

注意，“回售摸彩”是一个类固收组合，所以它的业绩只计算绝对收益即可，无需跟沪深 300 或者可转债等权指数进行对比。

从业绩方面来说，该组合是满足阿秋预期的，甚至目前的年化收益率已经接近了 12%，远超之前的保底预期即收益率达到 4%~6% 了。

从建仓开始到现在的 3 个月里，阿秋只做了建仓操作，没有进行一次额外的调仓，所以可以近似于这 3 个月内没有操作。

非常符合类固收组合的调性，阿秋是满意的。

目前，组合中仓位较重的辉丰转债正股终于即将摆脱环保的阴影，复产在即（辉丰转债的故事在第一章中有讲述），所以价格应该很快也会得到修复。一旦辉丰转债的价格开始修复，将继续提升组合收益。

与此同时，洪涛转债（128013）因为减资一事，已经触发了清偿债务的条款。目前阿秋正和集思录上所有的可转债持有人一起，对公司进行施压并向证监会投诉，期待洪涛转债的大股东能够积极应对和处理此事，给出回售或者下修方案。可转债作为债券的一种，讨债也是所有投资者的必修课。

4. 组合展望

“回售摸彩”这个组合，未来会走向何方？阿秋还可以继续为这个组合做些什么？

按照目前的数据来看，“回售摸彩”完成保底收益基本是没有问题的。

阿秋能够继续努力的，就是持续提高收益并规避风险。

在提高收益方面，当持仓中的某可转债第一次触发回售之后，是否要立刻全仓止盈呢？该可转债会不会在剩下的 1 年或者 2 年内（到期之前）迎来高光时刻，突破回售价格甚至直逼强赎价格而去？

比如近期非常火热的格力转债（110030），在还有 3 个月就要到期的时候，大股东突然“铁树开花”了，居然宣布下修转股价，惊掉了一众投资者的下巴。格力转债的价格也一下子就蹿上了 110 元。

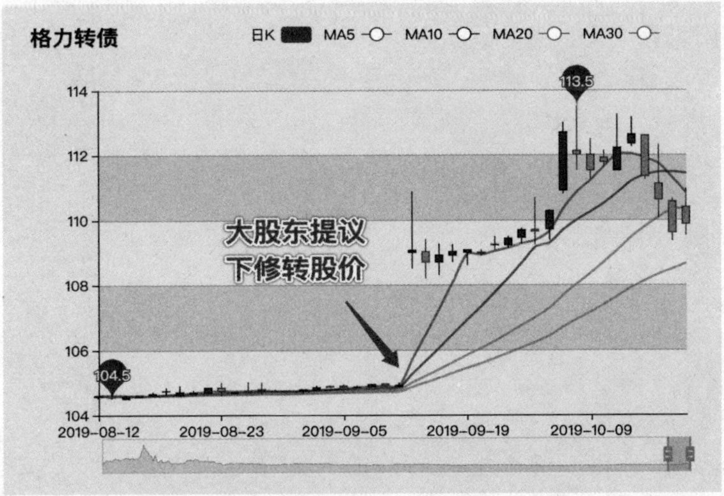

图 6-6　格力转债（110030）日 K 线走势图

另外，满仓之后的调仓操作至今还没有实际操作过。通过减少可转债组合的仓位来给新债腾位置，虽然从理论上来讲这个策略是优秀的，但是否也可以考虑让每一只可转债都腾挪一点点仓位，凑出申购新债的资金，采用这种方式来实现调仓呢？

与此同时，辉丰转债在前期建仓过程中仓位一度达到了 35%，这样的仓位其实并不符合阿秋自己的仓位策略，对于风险控制来说也是比较难的。如何通过有效的手段降低辉丰的仓位，也是一项重要的课题。

关于止盈策略的问题，比如目前非常火热，因为减资一事引发可转债持有人频频施压、投诉的洪涛转债，它的价格已经到了 99 元附近，是不是应该进行减仓呢？毕竟，99 元这样的价格对于回售来说已经很好了（假如明年真的触发回售，价格也就是 101 元），但是对于追求更高收益或超额收益的持有人来说，99 元的价格远远无法满足他们的期望（他们心怀 130 元）。究竟该减还是不该减呢？

止盈的梯度也是可以更精细的，阿秋目前选择的是回售价、110 元、120 元、130 元这样的阶梯，从提高效率的角度来说，将梯度之间的间隙变小是个好办法。

目前该组合的持仓及收益数据在阿秋公众号每月的可转债直播中已公开，欢迎关注和跟踪。

第七章

无限抄底的可转债套利

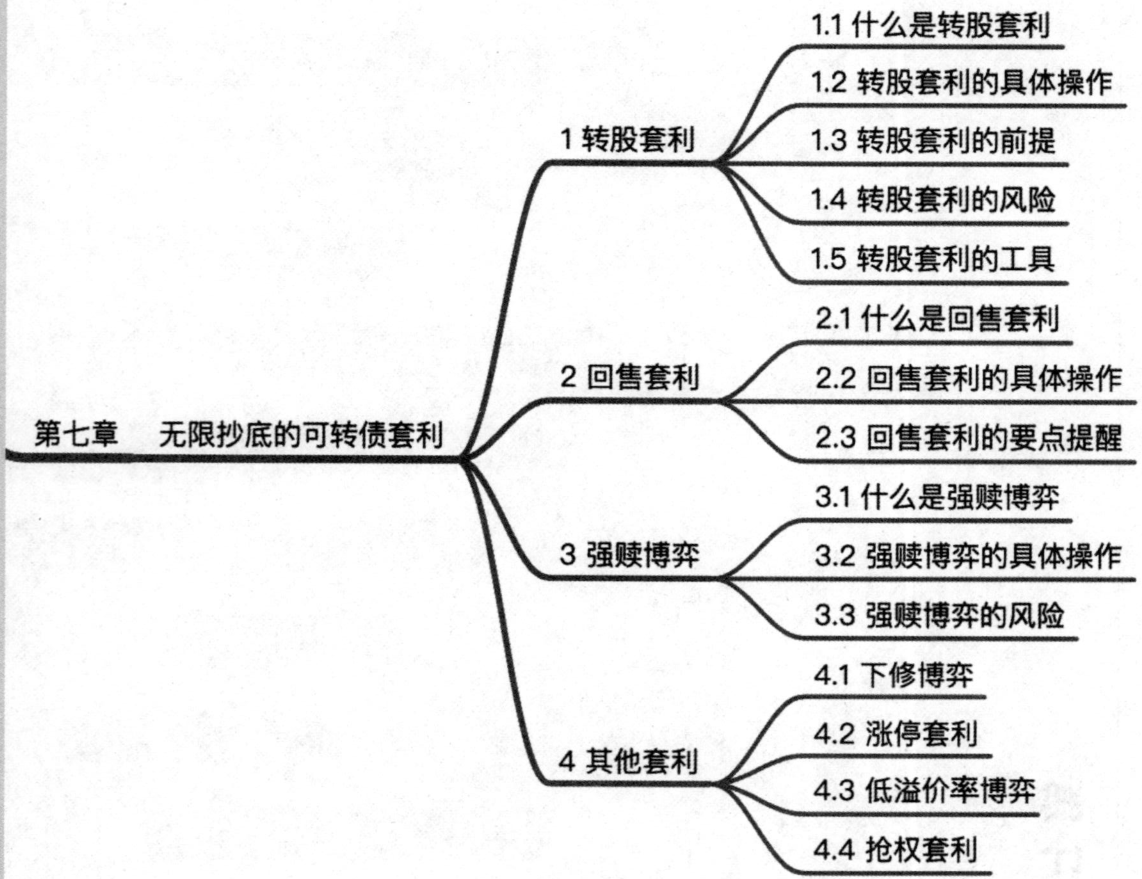
第七章　无限抄底的可转债套利
1 转股套利
1.1 什么是转股套利
1.2 转股套利的具体操作
1.3 转股套利的前提
1.4 转股套利的风险
1.5 转股套利的工具
2 回售套利
2.1 什么是回售套利
2.2 回售套利的具体操作
2.3 回售套利的要点提醒
3 强赎博弈
3.1 什么是强赎博弈
3.2 强赎博弈的具体操作
3.3 强赎博弈的风险
4 其他套利
4.1 下修博弈
4.2 涨停套利
4.3 低溢价率博弈
4.4 抢权套利

学习完可转债打新、可转债组合投资后，在第七章，阿秋将带大家一起向着更加高级的可转债操作进发。

随着可转债市场规模不断扩大，越来越多的投资者接触和了解到了可转债——这其中极速增加的，就是过去的股票投资者。

大家可以回忆一下可转债的交易特点——手续费极低，T+0 交易，没有涨跌停限制。这样低费率、即时性、高波动的特点，让股票投资者宛如发现了新大陆。

于是各种花式套利方法绽放在了可转债这片土地上。

在这一章里，阿秋将过去市场中出现的几乎所有套利操作都整理了出来，从策略思路、具体操作、风险控制等几个方面展开阐述。

不同的套利者对于不同的手段、不同的标的物可能有截然不同的看法，“一千个读者就有一千个哈姆雷特”，这基本就是套利界的现状。本章内容很可能会出现一些别人口中的“错误操作”，阿秋希望大家能中性地看待每一种套利手段和工具，发挥自己的长处，选择最擅长的品种和模式去获取收益。

1. 转股套利

可转债的转股套利，是可转债套利操作中最重要的一种——转股套利涉及的套利思路和操作，是以可转债最重要的转股这一操作为核心构成的。

1.1 什么是转股套利

大家常常说可转债的转股套利，准确来说应该叫“折价转股套利”。

那究竟什么是折价呢？

如果大家还记得第二章重点讲解过的转股溢价率这个关键指标的话，就很简单了——当转股溢价率是负数的时候，就是折价。

如果你记不太清了，没关系，阿秋带你简单回顾一下。

在阿秋跟小青商定了“转苹果园价”之后，小青发现虽然自己借出去了 100 万元，但是手里这张借条居然有 130 万元的价值。小镇上的人纷纷来收购这张借条，导致借条被炒作到了 140 万元，于是这张借条就有了（140÷130−1）×100%=7.69% 的溢价。

这就是在溢价状态下的故事，也就是借条高估的状态。

那么折价状态下的故事，就是相反的，也就是苹果园高估的状态。

在苹果园过度高估的情况下，如果你还想拥有苹果园，与其直接向阿秋购买苹果园，不如向小青购买借条，然后拿着借条去找阿秋兑换成苹果园——这样同样的钱，反而能买到更多的苹果园。

在资本市场里，可转债大部分都是处于溢价状态的（也就是可转债高估的状态），根本无套利的机会。只有可转债发生折价的时候（也就是正股高估的状态），才可以进行转股套利。

1.2　转股套利的具体操作

搞明白了什么是转股套利，接下来阿秋就以之前发生过折价的东财转债（123006）为例，来讲讲转股套利的具体操作。

本节涉及的所有关键要素及计算公式都是在第二章中讲解过的，如果忘记的话，可以回看一下。

2019 年 5 月 10 日，东财转债转债价格 138.588 元，转股价 11.36 元，正股东方财富（300059）价格 16.04 元。

由此可以计算出，假如此刻你买入一张东财转债，并且按照转股价进行转股，可以得到：

东财转债可转股数量 = 东财转债面值 ÷ 转股价格

= 100 ÷ 11.36

= 8.8（股）

现在我们知道了，每 1 张东财转债可以兑换成 8.8 股东方财富股票。这 8.8 股东方财富的成本，你会计算吗？

想一想，这就好像你手里有 1 个苹果，价格是 10 元，市场规定 1 个苹果可以兑换 8.8 个梨子，请问每个梨子的成本是多少？

你一定知道要用 10 ÷ 8.8=1.1 元来计算。

所以东财转债转股后获得的东方财富每股成本是这样的：

转股获得的东方财富每股成本 = 东财转债转债价格 ÷ 东财转债可转股数量

= 138.588 ÷ 8.8

= 15.74（元）

这里的 15.74 元，意味着当你完成转股操作之后，第二天早上开盘，就获得了成本是每股 15.74 元的东方财富股票，而此时东方财富的正股开盘价假如按照昨日的收盘价计算，就是 16.04 元。

折价转股套利的“利”，就出现在这里——你手里有一个 8 元钱买来的苹果，而市场上所有的苹果都卖 10 元，阿秋想，你一定知道用 10 元钱把苹果卖出去，就能赚 2 元。

按照转股溢价率公式来计算的话，此刻转股溢价率就是（15.74−16.04）÷16.04×100%=−1.87%。也就是说，此刻东财转债存在着 1.87% 的折价（也就是负溢价）。

假如大家能够在此刻买入东财转债，并且在尾盘之前申请转股，那么第二日开盘完成转股之后，就能直接获得比正股便宜 1.87% 的股票。

只要大家开盘后立刻卖出，就能将这 1.87% 的收益落入口袋。

从上面这段讲述中，聪明的你或许已经明白如何转股套利了。那么，阿秋就用一句话再来概括一下：尾盘买入可转债，闭市前完成转股，次日开盘卖出正股。

还是以东财转债为例，来演示一下转股套利的具体操作。

首先在券商页面里输入 123006，买入东财转债。

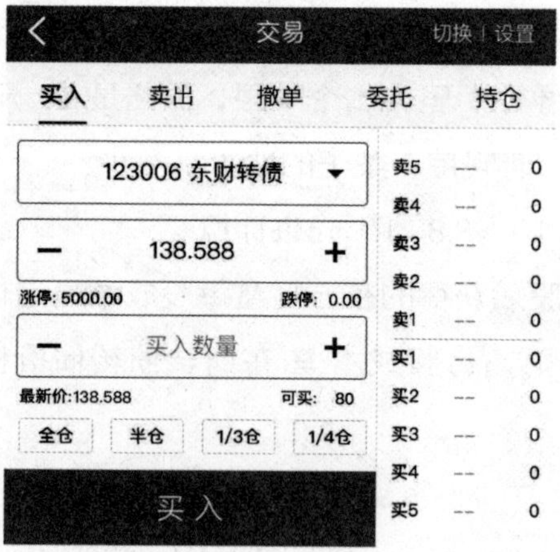

图 7−1　转股套利操作第 1 步：买入转债

在当日闭市之前，在 APP 或者客户端内找到转股页面（部分券商有单独页面，部分券商只能通过代码形式操作，具体转股操作需要咨询客服），进行转股操作。

图 7-2　转股套利操作第 2 步：完成转股

次日开盘后，卖出转股获得的东方财富股票，即可完成这次套利。

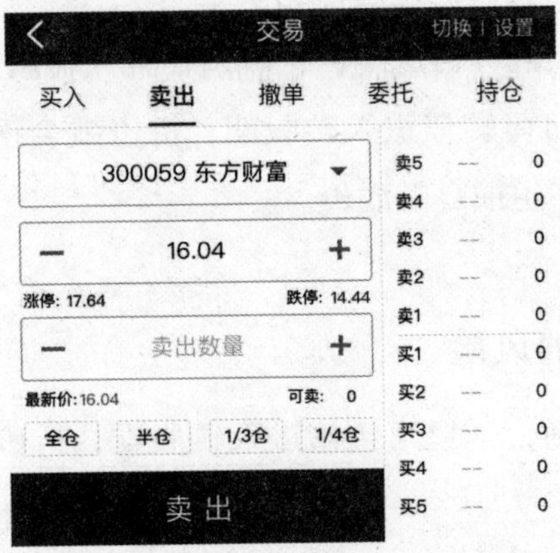

图 7-3　转股套利操作第 3 步：卖出正股

1.3 转股套利的前提

可转债的转股套利是一件操作简单、清晰而又明确的事情。

需要注意的是，转股折价套利的前提，就是可转债进入了转股期（一般来说就是可转债上市半年之后）。

当两个市场之间（或者两个标的物之间）没有流动途径的时候，即使存在再大的价值偏离，也使不出任何套利的手段。在可转债套利中，只有可转债进入转股期之后，才允许可转债进行转股操作，否则，再大的折价就像看得到却吃不到的肥肉。

这就好像在美国留学的小明有一瓶老干妈，售价 10 美元，折合人民币约 70 元。在中国某城市的小美有一瓶老干妈，售价 10 元人民币。

虽然两个人拥有同一品牌、同一条流水线生产出来的品质相同的老干妈，但是由于两人没有任何交换渠道，因此小明只能忍受吃同样的老干妈却要付出高于小美 7 倍的价格。

假如小明和小美之间有一个哆啦 A 梦那样的传送门，小明 10 美元的老干妈就再也无法维持这个价格了，因为小明有了立刻获取 10 元老干妈的渠道。

进入转股期的可转债，也是这样的。

可转债与正股之间的“传送门”，就是在进入转股期之后被打开的。

正因为如此，一旦可转债进入转股期，折价就会迅速地被抹平，并且会迅速变成溢价，甚至产生很高的溢价。

1.4 转股套利的风险

在上一节阿秋提到，一旦可转债进入转股期，折价就会被迅速抹平。这是为什么呢?

公开市场里的套利空间就像是一块肥肉，你看得见，我自然也看得见。

所有转股期内的转债，就是时时刻刻被套利大军盯得死死的待宰肥羊，一旦哪一只转债发生了折价，大家必然会蜂拥而上。

如果人人都想套转股这个利，那么这个套利空间就会被迅速抹平消失。具体来说，可转债发生折价的第二日，极大概率是以正股股价低开来磨平这个套利空间的。

这个道理很简单，如果所有人都看中了这个折价，想做一把套利，也就是说所有人都完成了尾盘买入可转债和闭市前转股这两个操作。等到第二日开盘，自然每个人手里都有了正股。在大家都想卖出正股获利的前提下，正股的价格必然会下跌。

这一点，就是转股套利最大的风险点。

在这里，阿秋提出几条针对转股套利的建议。

①仅参与折价在 3% 以上的转股操作，从历史数据回测来看，这样成功的概率会大一些（当然这种机会发生的概率也会小很多）；

②假如开通了两融账户，可以在买入转债的同时融券正股（券源比较难找），锁定套利空间，完成一次无风险套利；

③正股持有者，可以选择卖出正股→买入转债→转股→正股到账这一套操作，完成一次无风险套利（赚取的利润是做低正股持仓成本）。

从阿秋给出的转股套利建议中，大家会很容易发现，持有正股或者融券正股，再配合转股套利，才是真正的无风险套利。在没有正股配合的情况下，单独买入转债去做转股套利，也就是一般来讲的“裸套”，都是有一定风险的，大家在操作的过程中一定要注意仓位与风险的匹配。

1.5 转股套利的工具

学习完上面这些内容，大家可能对可转债的转股套利有点发怵。

不仅要实时监测转股溢价率，还要及时买入转债（甚至卖出正股和融券正股），然后进行转股操作，并且在第二日合适的时间卖出正股。

要知道，目前市面上存续的可转债有将近 200 只，如果每只都像上面说的那样去计算转股溢价率，看看是不是折价了，那日子就不要过了。

好在已经有一些现成的工具来帮助我们。阿秋一直使用的可转债数据网站，就是集思录和富投网，大家可以直接从数据表格中看到实时的转股溢价率。

集思录使用灰色字体代表该转债尚未进入转股期，所以当你看到 –30%、–20% 这样不可思议的数据时，第一时间应该注意该可转债是否进入转股期了。

只有黑色字体的转股溢价率才是可以进行转股套利的。

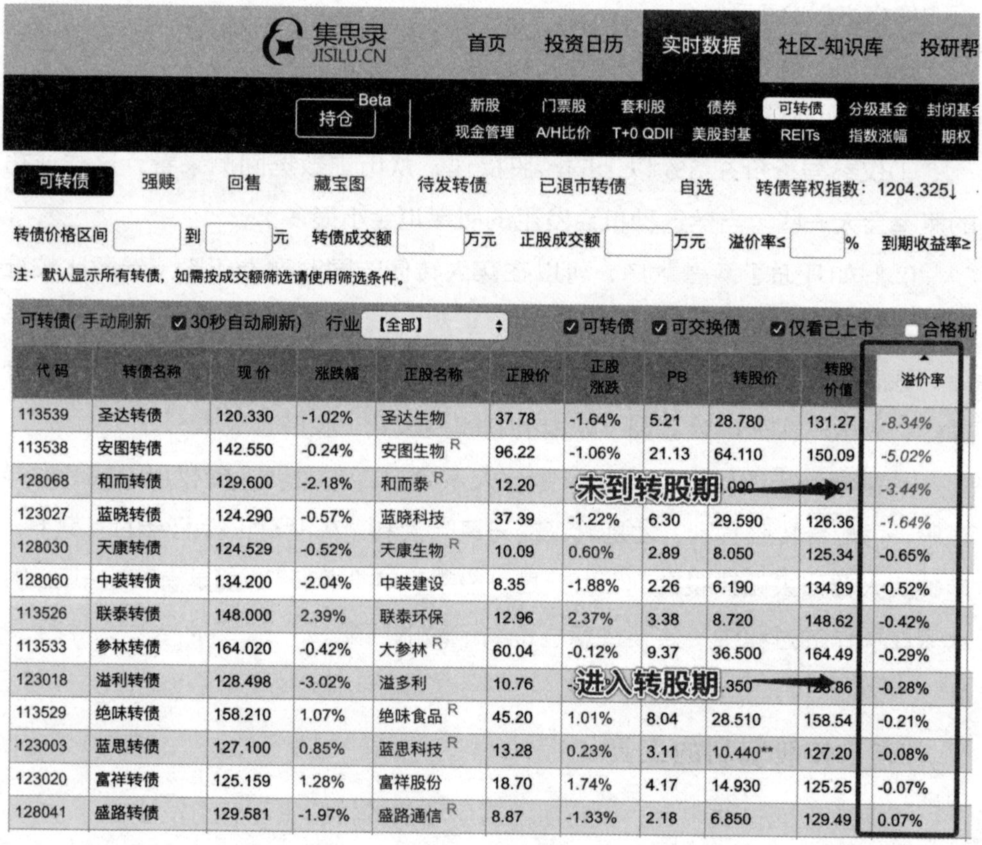

代码	转债名称	现价	涨跌幅	正股名称	正股价	正股涨跌	PB	转股价	转股价值	溢价率
113539	圣达转债	120.330	-1.02%	圣达生物	37.78	-1.64%	5.21	28.780	131.27	-8.34%
113538	安图转债	142.550	-0.24%	安图生物 R	96.22	-1.06%	21.13	64.110	150.09	-5.02%
128068	和而转债	129.600	-2.18%	和而泰 R	12.20	[illegible]	[illegible]	[illegible]	[illegible]	-3.44%
123027	蓝晓转债	124.290	-0.57%	蓝晓科技	37.39	-1.22%	6.30	29.590	126.36	-1.64%
128030	天康转债	124.529	-0.52%	天康生物 R	10.09	0.60%	2.89	8.050	125.34	-0.65%
128060	中装转债	134.200	-2.04%	中装建设	8.35	-1.88%	2.26	6.190	134.89	-0.52%
113526	联泰转债	148.000	2.39%	联泰环保	12.96	2.37%	3.38	8.720	148.62	-0.42%
113533	参林转债	164.020	-0.42%	大参林 R	60.04	-0.12%	9.37	36.500	164.49	-0.29%
123018	溢利转债	128.498	-3.02%	溢多利	10.76	[illegible]	[illegible]	[illegible]	[illegible]	-0.28%
113529	绝味转债	158.210	1.07%	绝味食品 R	45.20	1.01%	8.04	28.510	158.54	-0.21%
123003	蓝思转债	127.100	0.85%	蓝思科技 R	13.28	0.23%	3.11	10.440**	127.20	-0.08%
123020	富祥转债	125.159	1.28%	富祥股份	18.70	1.74%	4.17	14.930	125.25	-0.07%
128041	盛路转债	129.581	-1.97%	盛路通信 R	8.87	-1.33%	2.18	6.850	129.49	0.07%

图 7–4　集思录—查看转股溢价率

转股代码并不一定是转债代码，像集思录这样的数据网站，也是可以查看转股代码的，只需要点击最左侧的“代码”就可以进入该转债的资料详情页了。

佳都转债 - 110050 (正股：佳都科技 - 600728　行业：软件和信息技术服务业)

价格：128.24		转股价值：129.02		税前收益：-2.22%		成交(万)：2586.11	
涨幅：-1.35%		溢价率：-0.61%		税后收益：-2.70%		剩余年限：5.222	
转股起始日	2019-06-25	回售起始日	2022-12-19	到期日	2024-12-18	发行规模(亿)	8.747
转股价	7.89	回售价	100.00	赎回价	109.00	剩余规模(亿)	6.656
股东配售率	14.08%	转股代码	190050	质押代码	-	债券评级	AA
网上中签率	2.3503%	已转股比例	23.91%	折算率	0.000	主体评级	AA
担保	无担保						
转股价下调	在本次发行的可转换公司债券存续期间，当公司 A 股股票在任意连续 20 个交易日中至少有 10 个交易日的收盘价低于当期转股价格的 90%时						
强制赎回	在本次发行的可转换公司债券转股期内，如果公司 A 股股票连续 30 个交易日中至少有 15 个交易日的收盘价格不低于当期转股价格的 130%（含 130%）						
回售	本次发行的可转换公司债券最后两个计息年度，如果公司 A 股股票在任何连续 30 个交易日的收盘价格低于当期转股价格的 70%时						
利率	第一年为 0.40%、第二年为 0.60%、第三年为 1.00%、第四年为 1.50%、第五年为 1.80%、第六年为 2.00%						
税前YTM计算公式	1.80/(1+x)^4.222 + 1.50/(1+x)^3.222 + 1.00/(1+x)^2.222 + 0.60/(1+x)^1.222 + 0.40/(1+x)^0.222 + 109.000/(1+x)^5.222 - 128.2400 = 0						

图 7–5　集思录—查看转股代码

除了集思录、富投网这样的数据网站，一些券商也提供条件单服务（也就是设定条件，然后触发条件后自动买入或者卖出）。目前阿秋知道的华宝证券在这方面做得比较好。

想要做好转股套利，一定要尽可能多地接触相关工具，尽可能深入地研究规则和条款。

2. 回售套利

在第二章，阿秋详细地讲述了可转债的回售条款。

在第六章，阿秋通过自己的组合“回售摸彩”，展示了如何基于可转债的回售条款构建一个低风险类固收组合，并且详细分析了组合策略以及实际操作过程。

本节要讲的回售套利，其实就是之前这两个部分内容的总和。

2.1 什么是回售套利

回售套利，套的又是什么利呢？套的就是现价与回售价格之间的利。

需要指望回售来救命的可转债，一般都是由于正股股价下跌到十几个涨停都救不回来的地步——这时回售价格就是可转债(以及所有债券)的安全垫。无论可转债价格因为什么原因造成了何种程度的下跌，回售价格都会完成托底的任务。

如果没有回售条款兜底，可转债持有人面对这种情况是很绝望的。当然，上市公司也是不希望触发回售的，因为一旦触发回售，就意味着需要提前还钱。

为了避免触发回售，一般来说，进入回售期的可转债价格都会略微比回售价高一点点。

那么，会不会出现进入回售期的可转债价格比回售价还低呢？

当然有。

这个差价空间，就是阿秋说的无风险回售套利。

至于为什么会出现这样反常的现象，理由可能是多种多样的。例如阿秋即将在下一节里讲解的江南转债，是因为“奇葩条款”+“市场忽视”。例如之前提过很多次的辉丰转债，是因为市场始终对公司能否复产存疑……种种原因实在难以一一分析列举，希望大家能融会贯通，举一反三。

2.2　回售套利的具体操作

回售套利的具体操作说起来很简单——找到出现套利空间的可转债买入，等待触发回售，进行回售申报，资金到账。

在回售套利方面，阿秋有过一次非常典型且成功的操作。接下来，阿秋将复盘自己的全盘操作，来讲解回售套利实操这个内容。

2018 年 12 月 24 日，江南转债（113010）的价格跌至 102.1 元。

处在回售期的可转债一直是阿秋的观察对象，因此江南转债的这次突然下跌，一下子引起了阿秋的关注——江南转债本来应该在几天之后发布新一轮回售公告，而此刻竟然毫无征兆地跌破了回售价。

圣诞节的大礼包就是这样出现的。

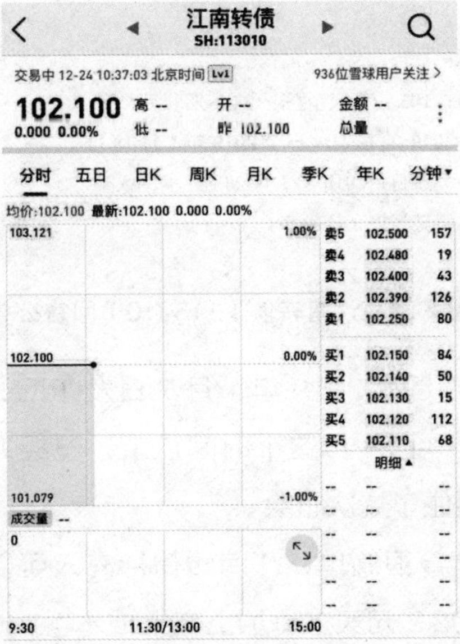

图 7-6　江南转债（113010）2018 年 12 月 24 日分时交易图

江南转债的正股是江南水务（601199），这是一家有政府背景的水处理公司，基本面上没有任何问题。转债价格之所以走得这样弱，完全是大股东不太懂金融知识，外加企业不差钱导致的。

这样的公司，难道会在 1 个月内破产退市吗？只要地球不爆炸，想来这种概率是微乎其微的。

排除这个唯一的隐患之后，阿秋就开始了回售套利操作。

首先，阿秋立刻翻出了江南转债的发行公告以及往期的回售公告，推算本次回售的回售期以及资金到账时间，再根据现价与回售价格之间的价差以及资金占用时间，推算套利收益。

江苏江南水务股份有限公司
关于“江南转债”回售的公告

本公司董事会及全体董事保证本公告内容不存在任何虚假记载、误导性陈述或者重大遗漏，并对其内容的真实性、准确性和完整性承担个别及连带责任。

重要内容提示：

- 回售代码：100905
- 回售简称：江南回售
- 回售价格：103 元人民币/张（含当期利息）
- 回售期：2019 年 1 月 14 日至 2019 年 1 月 18 日
- 回售资金发放日：2019 年 1 月 23 日
- 回售期内可转债停止转股

图 7-7　江南转债（113010）回售公告

图 7-7 的回售公告是在 2019 年 1 月 7 日发布的，而阿秋在公告发布前两周也就是 2018 年 12 月 24 日这个时间点上，已经完成了所有的时间推算及收益计算，所以把握住了这次机会。

这次回售套利的计算很简单，江南转债持有人可以按照回售价格 103 元将可转债卖给公司。102.2 元买入（加上交易成本），1 个月后 103 元卖出，这笔账算起来真是太容易了。

套利年化收益率 = 套利空间 ÷ 资金成本 ÷ 资金占用时间 ×365 天 ×100%

= (103−102.2) ÷102.2÷30×365×100%

= 9.5%

无风险年化收益率 9.5% 的收益，阿秋觉得还是非常满意的，再加上年底正好有了一笔短期流动资金，简直太适合做这笔套利交易了。

于是阿秋开始连夜搬砖，从第二天开始分批买入。

与此同时，阿秋也发布了此次江南转债的回售套利分析，如图 7–8。

⭐江南转债回售套利⭐

江南转债将于2019年1月4日触发第四次回售。目前价格102.2元左右（买入江南转债(113010)建仓）。1月14日-18日为回售期（在此期间全部卖出100905，此为回售代码）。1月24日，江南转债发债方将以103元的价格兑付回售，资金到账。

可转债买卖10只为1手，最低建仓成本为1手=1022元。

套利计算：

（103-102.2）÷102.2÷30×365×100%=9.5%

其中102.2是建仓价格，30为建仓日到1月24日的间隔时间。相关收益请自行重新根据建仓情况核算。

图 7–8　江南转债回售套利分析

阿秋连续在 12 月 24 日、25 日、27 日 3 天分批建仓，最终一共囤下了大概 20 多万元的江南转债。元旦假期之后，江南转债如期发布了回售公告，市场里其他投资者可能也注意到了这个机会，因此空间被迅速抹平了。

在 1 月 14 日，按照公告指引，阿秋在券商 APP 中进行了回售操作。在华泰证券提供的交易软件中，只需要在卖出界面输入回售代码即可（每家券商的操作可能存在不同，根据客服指引完成即可，操作很简单）。

（二）回售申报程序

本次回售的回售代码为“100905”，回售简称为“江南回售”。

行使回售权的可转债持有人应在回售申报期内，通过上海证券交易所交易系统进行回售申报，方向为卖出，回售申报经确认后不能撤销。如果申报当日未能申报成功，可于次日继续申报（限申报期内）。

图 7-9　江南转债（113010）回售公告

1 个月之后，也就是 2019 年 1 月 23 日，本次回售套利的本金和收益顺利入账。

图 7-10　江南转债回售套利收益入账

本次回售套利圆满结束。

阿秋觉得自己配得上一朵小红花啊——前期观察决策、中期执行、后期总结收尾都干净利落，堪称典范。

2.3　回售套利的要点提醒

江南转债此次回售套利取得成功，最关键的因素是大股东制定的市场里独一份的“无限回售”条款——允许可转债持有人在 1 年之内无限次地参与可转债的回售（一般回售条款只允许可转债持有人 1 年参与 1 次，这方面的问题可以查看第二章里其他转债的回售条款）。

17、回售条款

（1）有条件回售

本次发行的可转债第三个计息年度起，如果公司 A 股股票在任何连续 30 个交易日的收盘价格低于当期转股价格的 80%时，可转债持有人有权将全部或部分其持有的可转债按照 103 元（含当期应计利息）回售给公司。

图 7-11　江南转债发行公告

其次，由于这是江南转债 1 年内第 5 次发起回售，并且几乎确认是最后一次回售（可转债规模低于 3000 万元将退市），已经经过 4 次回售的江南转债几乎已经到了被市场“抛弃”的边缘，极度缺乏关注，因此才留下了这个“不合理”的套利价格空间，促成了这次套利。

最后，当然就是由于阿秋对于回售条款的深入研究，以及对进入和即将进入回售期的可转债保持着长期高度的关注，因此敏锐地察觉到了这个套利机会，并且成功地完成了套利操作。

跟着阿秋一起看完了整个决策及操作过程，大家应该已经发现，回售套利中最难的就是前期发现套利机会这个环节。只要明确了机会，后面执行操作不过是自然而然的事。以后要想找到这样的回售套利机会，首先需要对可转债的回售条款进行更多更深入的学习。

每只可转债的回售条款都可能有些许不同——回售期的时间、回售触发条件、回售价格等。甚至有个别奇葩的可转债都没有回售条款（这对债权人非常不利，会缺少一层最重要的安全垫）。

上面这些信息没有人会告诉你，只能通过查阅可转债公告获取——这也是阿秋为什么会带你反复查看公告，理解其中信息的原因。

要想在其他可转债里直接复制这样的回售套利操作，是有一定难度的。

但是阿秋希望大家看完这一段获得真金白银的回售套利操作之后，能够明白这种看似“天时、地利、人和”的好运气中，“人”的成分有多么重要，并且下定决心好好学习和研究可转债。

天道酬勤，未来的机会依旧有很多。

3. 强赎博弈

3.1 什么是强赎博弈

强赎大家知道，博弈大家也知道，那么强赎博弈是个什么东西呢？

简单地说就是——可转债持有人“赌”大股东会不惜一切代价让可转债强赎。

如果把这句话放在一个较长的时间维度下，那么强赎博弈就变成前面的可转债组合“强赎制霸”了，大家只需要在价格足够低的情况下摊大饼一样买入一箩筐可转债，然后等待强赎就行。

这样也未免太无趣，也根本不高级。

这里，阿秋将为这个普通的强赎博弈增加一些条件——已经进入强赎计数周期的可转债，假如因为特殊原因出现股价突然不满足强赎条件的情况，可转债持有人“赌”大股东会不惜一切代价让可转债正股重新满足强赎条件，最终成功强赎。

说到这个份儿上，大家大概也对强赎博弈心里有数了，下面进入具体操作来看一看吧。

3.2 强赎博弈的具体操作

在进入实操复盘之前，阿秋先来简单总结一下强赎博弈的具体操作。

密切关注在转股期内，并且已经进入强赎触发计数的可转债（一般来说不超过 5 只），已经强赎触发的计数天数越大越好。一旦因为特殊情况发生股价下跌，即可买入正股，参与强赎博弈。

2019 年 7 月 18 日，冰轮转债（127009）进入转股期。也就是从此刻开始，假如冰轮转债的正股冰轮环境（000811）价格在转股价的 130% 以上（图 7-12 中的虚线 7.11 元），就能计入触发强赎天数。根据冰轮转债的发行公告，一旦正股价格触发强赎天数达到连续 30 个交易日中有 15 个交易日收盘价不低于当期转股价格的规定比例，强赎就会被触发。

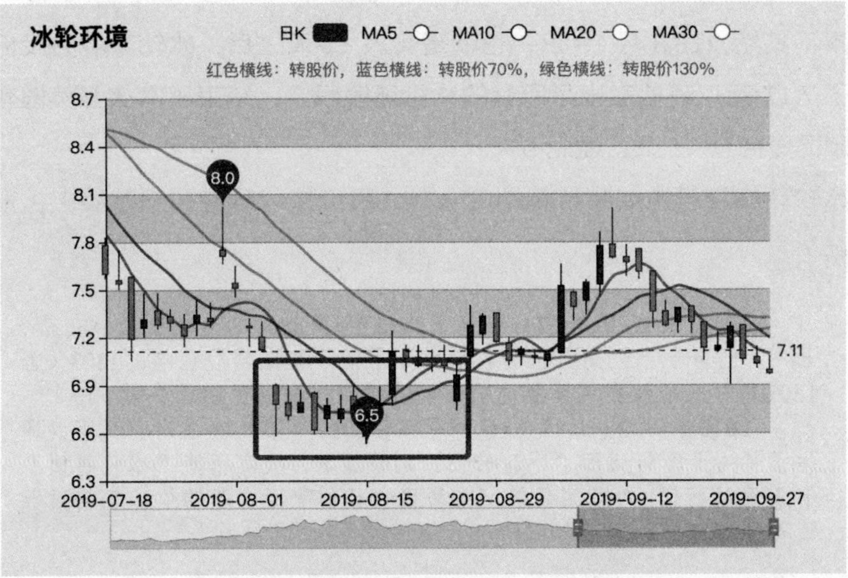

图 7-12　冰轮环境（000811）日 K 线走势图

8 月 6 日，受大盘影响，冰轮环境正股暴跌到 6.76 元，一下子就跌下了强赎线（见图 7-12 方框部分）。此时冰轮转债触发强赎的天数已经达到了 13 天，只需要正股再争气 2 个交易日即可触发强赎。

这就是阿秋所说的可以介入进行强赎博弈的机会——阿秋认为，已经进入强赎计数周期的冰轮转债（15 个交易日已经满足 13 个），因为大盘原因出现突然下跌，大股东应该会不惜一切代价让冰轮环境重新满足强赎条件（也就是股价重回 7.11 元），最终成功强赎。

阿秋当机立断，在 8 月 7 日挂单买入了冰轮环境正股。

冰轮环境 000811 +0.07%

现价	6.770	持仓
成本	6.765	可用

图 7-13 8 月 7 日参与冰轮转债强赎博弈

果不其然，在 8 月 19 日，也就是买入 11 天之后，冰轮环境的股价重新回到了 7.11 元。阿秋卖出了所有的冰轮环境股票，结束了本次强赎博弈。本次强赎博弈持仓 11 天，盈利 5%。

冰轮环境正股也如阿秋预期的一样，股价持续维持在强赎线上，直到触发强赎。

> 公司股票自2019年7月18日至2019年8月28日的连续三十个交易日中，已有十五个交易日的收盘价格不低于当期转股价格的130%（含130%），已经触发《募集说明书》中约定的有条件赎回条款。
>
> 2019年8月28日，公司召开董事会2019年第九次临时会议审议通过了《关于提前赎回“冰轮转债”的议案》，决定行使“冰轮转债”有条件赎回权，对赎回日前一交易日收市后登记在册的“冰轮转债”进行全部赎回。

图 7-14 冰轮转债强赎公告

除了冰轮转债，阿秋将同样的强赎博弈手法用在平银转债（127010）、蓝标转债（123001）等多次的强赎博弈套利中（甚至在蓝标转债身上就套利了多次），在市场环境稳定，大股东强赎意愿足够强烈的情况下，这个博弈的胜率相当高。

3.3 强赎博弈的风险

前面说过，强赎博弈的成功率主要取决于两点——市场环境的稳定性和大股东强赎的意愿。

在市场环境稳定甚至全面向好的情况下，即使股价出现短期波动，也可能因为整体情绪的乐观带动股价上涨，从而让可转债的正股乘着东风重新站上强赎线。

假如市场不稳定，外加大股东态度消极，千股重跌之下，要想异军突起，收复失地，该有多么困难呀。

当然了，市场环境只是天时，大股东强赎的意愿才是强赎博弈的关键。

在之前的内容里，阿秋反复强调，根据历史数据，90% 的可转债都能迎来强赎。

假如你直接把这句话理解成为可转债都可以强赎，都能到 130 元的价格，甚至每一位大股东都有意愿和能力推动可转债强赎，那就是你的不对了。

当然，市场中是有一些表现优秀的大股东的——例如就差在脸上写着“我就是不想还钱”的蓝标转债，推动强赎的意愿是强上了天的（第一章讲过）。不差钱的平银转债大股东，则在多次公开发言中直接表明，平银转债就是奔着转股去的，他们一定会不遗余力地推动平银转债强赎。

中国好股东呀，阿秋看到这些动作和发言，都要感动哭了。

至于大股东究竟使用什么手段让股价重新涨回去，这一点就无需人家和阿秋关心了——在中国特色的市场里，办法总比困难多。

假如在市场环境不好的时候，大家选中了一只大股东强赎意愿不够强烈的可转债进行强赎博弈，就可能真的遇上那种一泻千里的局面，将原本的强赎博弈变成股票深套。

所以，在每次进行强赎博弈操作之前，一定要提前想好止损方案，争取以最小的损失来结束一次失败的套利操作。

没有人可以永远做对，有时候勇于“割肉”才是正确的做法。

可转债套利的玩法是高级的，可是潜在的风险也是很高的。在做任何投资之前，一定要考虑到极端情况的应对措施，不要超出自己的风险承受能力。

控制风险最好的做法就是控制仓位，切记切记。

4. 其他套利

除了上面详细阐述的 3 种主流可转债套利方法之外，市场里还有很多别的新奇玩意儿。

本节涉及的套利方法，都算得上是高级中的高级，要么是需要机器配合，要么是需要大家对可转债合同条款吃得很透，甚至还要求大家成为真正的价值投资者……由于篇幅有限，并且考虑到深入理解的难度问题，因此阿秋将它们打包成一个小节，每个部分都提供概念解释和实操案例。

4.1 下修博弈

下修博弈，指的是投资者通过预测大股东是否有下修转股价的意图，提前买入可转债，等待下修成功后带动可转债上涨而获利的过程。

既然涉及到下修，就又是一个以大股东意愿为主导的活动。

有一些下修是有预期的，容易预测的。

比如阿秋 2018 年 12 月底参与的铁汉转债（123004）下修博弈。铁汉转债经过长达半年的停牌之后终于复牌，转债也随着正股的重度下跌一同跌到 88 元。作为一个经常玩资产重组且现金流比较紧张的公司，阿秋判断大股东是没有什么想还钱的意愿的，因此推动可转债下修并且下修到底，尽快促成可转债强赎是大概率事件。

阿秋参与了铁汉转债的下修博弈，并且最终迎来了铁汉转债成功下修。

当然，还有一些下修是毫无预期和征兆的。

比如格力转债（110030）的下修。还有几个月就要到期的格力转债，在存续期5年多的时间里，一直死扛着不下修转股价。市场里所有人都已经笃定格力转债的正股格力地产（600185）是一个不差钱和打算还钱的主儿了，没想到大股东一纸公告——要下修了，并且最终成功下修且一修到底。

阿秋将格力转债的下修行为总结为“老铁树想开花”。如果真的想通过转股来解决可转债问题，早干嘛去了？这就好像谈恋爱谈了5年，眼见已到分手边缘，突然来一句，要不我们再试一把，看看能不能结婚吧？

令人遗憾的是，市场里大部分下修都是第二种情况，也就是毫无预期和征兆。要想准确预测下修，需要你成为一个合格的价值投资者。

你要能够读懂公司财报，准确地评估出公司目前的债务有多少，其中短期债务情况如何，长期债务情况又如何。当然，公司现金流状况也很重要——只有不想还钱或者无钱可还的公司，才会动用下修这个武器。如果你能准确地搞清楚公司的净资产，那么在进行下修价格预估的环节，就能更准确地计算出套利空间。

了解了以上内容以后，希望大家对下修博弈有一个更加清楚的认识，并且正确地估量自己是否能够完成下修博弈的预测。

阿秋还是那句话，在投资世界里，能力圈非常重要。如果不懂，那就不做。

4.2　涨停套利

在转股溢价率较低的情况下，可转债价格是跟随股票价格同涨同跌的。由于两者并不是同一个投资品种，因此存在一定的时间差。

涨停套利就是在这种情况下诞生的。

涨停套利的意思是说，当可转债的正股发生涨停之后，立刻买入可转债，赚取可转债跟随正股大涨的收益。

说到这里，大家应该明白，这是一个普通投资者靠人力不太可能完成的操作。

市场里的可转债说多不多，但是也有近200只，要是每天盯着200只可转债正股的盘面走势，真的很累人。

而且正股涨停之后，虽然说可转债跟随上涨是有一个时间差，但是这个时间窗口最多应该不会超过 1 分钟，这对于想要自己手动操作的投资者来说太难了，而且怎么卖出也是一个问题。

如果你想等到正股开板再跑，根据以往的经验来看，发生踩踏的概率相当高。如果你想在可转债一旦启动上涨了就跑，过去市场里也不是没有发生过正股连续拉出几个涨停板的故事，这个时候你就会对卖飞这件事耿耿于怀。

总之，这是个技术活儿。

在涨停套利上做得最好的，是阿秋的一位做私募的朋友。他供职的机构能够通过工具来完成抓取涨停正股、买入可转债和卖出可转债这一系列操作，全程实现自动化。

有技术加持的朋友可以考虑自己写代码，开发工具，实现这个策略，胜率极高，简单快捷。

机会是给有技术的聪明人准备的。

4.3 低溢价率博弈

前面讲过，转股溢价率是一个由可转债正股质地、信用评级、行业情况等方方面面数据共同决定的关键指标——它是一个有现实依据，可以通过一些简单模型与计算较准确地进行预估的指标。

但是，当市场里发生了特殊情况，比如市场情绪极差，行业陷入危机，持仓者急于变现等情况发生的时候，大家就会因为急于抛售可转债而造成可转债价格下跌，转股溢价率也就会低于正常水平。

出现这种情况的时候，**可转债持有人可以通过买入可转债，博弈可转债溢价率会修复（当然大家期望通过可转债价格上涨来修复，而不是正股价格下跌来修复），这就是阿秋所说的低溢价率博弈。**

比如阿秋在 2019 年 7 月参与的环境转债（113028）的低溢价率博弈。

当时由于上海开始实施垃圾分类，导致所有环保题材股暴涨，环境转债的正股上海环境（601200）正是暴涨中的龙头。

在这样的市场行情下，环境转债就要上市了。由于前期上海环境股价上涨得太多，所有人都有了回跌的担扰，因此在环境转债上市之后的几天，大家都拼命地抛售环境转债，导致环境转债这样的AAA级债券转股溢价率一度只有－6%（折价6%）——要知道，当时市场上除了环境转债之外，所有的AAA级债券，没有哪一个是负溢价的，普遍的转股溢价率都在10%以上。

在这种情况下，阿秋参与了这一次的低溢价率博弈，并且最终取得了预期的收益。

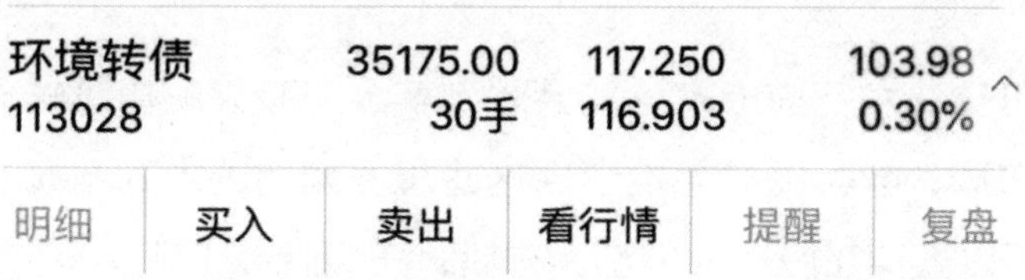

图7-15　7月8日参与环境转债低溢价率博弈

除了环境转债之外，阿秋还参与了很多次其他转债的低溢价率博弈，比如文灿转债（113537）、招路转债（127012）等。这些低溢价率博弈大部分都发生在可转债打新上市的前几日——散户的无脑抛售，最有可能造成低溢价率的情况出现。

对于低溢价率博弈来说，最重要的就是你要有自己的一套经过市场验证的转股溢价率估算方法，这样才能对市场上目前各只转债的转股溢价率是否低估这一情况有清醒的认识，从而发现其中的获利机会。

例如前面提到的环境转债实操，除了环境转债价格上涨能够修复转股溢价率，正股下跌也是能够修复转股溢价率的，阿秋凭什么就确信环境转债会上涨呢？

最后还是老生常谈的一句话，控制好仓位，不要怕出错（投资世界没有人能够永不犯错），你会越来越游刃有余的。

4.4 抢权套利

要讲清楚抢权套利，首先需要大家跟着阿秋一起来回顾一下前面学习过的关于配售的知识。

所谓配售，就是在可转债打新中，根据自己持有的正股数量，配给你一定数量的可转债。

对于部分正股十分优秀的可转债来说，假如可以提前买入正股，然后通过配售获得更多的可转债中签，最后再通过卖出可转债和正股获利了结，实现“一鱼两吃”，真是太完美了。

正因为普通投资者有这样的想法，于是部分聪明的套利者就发现了其中的机会。

既然在可转债发行前大家可能会想到买入正股来配售可转债，那么更早地提前进场布局，就可以成功地套到这些想要配售的人的利润——他们要配售可转债，所以要买正股；大家都买正股，正股就会上涨。

然而历史经验告诉我们，都想去当挥舞镰刀的人，最后却成了别人的韭菜。

抢权套利历史上最有名气的案例，就是交通银行（601328）。

2019 年 3 月，江湖传言交通银行要发行可转债，此时交通银行的股价大概在 6.4 元左右。根据以往经验，银行转债都是被机构、散户哄抢的热门转债，因此面对传言，大家在抢权阶段就开始出动了，甚至有不少大 V 直接扯起大旗，组团抢权。

万万没想到，交通银行的可转债发行竟然遇上了黑天鹅——延期发行，直到最后中止了发行。适逢市场大跌，交通银行的股价也接连受挫，所有想要套利和想要配售的，都惨遭被套。

还好交通银行本身是质地过得去的银行股龙头，这要是换一个其他垃圾企业，这种程度的深套真的会让人产生心理阴影。

当然了，除了这种自相残杀式的互割韭菜，抢权套利其实还有一套温柔的玩法。

接下来，阿秋就以自己实际参与的浦发银行（600000）抢权套利来讲解。

浦发银行即将发行可转债的消息是 2019 年 10 月 23 日晚上发布的，这样一个优秀的 AAA 级可转债兼巨无霸，自然是有很多玩法的。

所以 24 日当天，阿秋就以浦发银行的盘中价格进行了第一次抢权配售计算——安全垫太少，放弃（计算过程稍后演示）。

本来以为 25 日浦发银行会继续因为抢权者买入而持续走高，没想到 25 日浦发银行居然下跌接近 –2%，跌到了 12.8 元。阿秋立刻进行了第二次抢权配售计算。

根据发行公告的数据进行计算，每 600 股（准确股数是 587 股，不过要按照 100 向上取整）浦发银行正股可以 100% 成功配售到 1 手浦发转债（110059），同时根据上交所的精准算法规则，理论上 300 股也有概率成功配售到 1 手转债，400 股则大概率能够配售到 1 手转债（计算方法回看第四章）。

从可转债申购到上市期间，假如浦发银行的股价没有发生变化，那么根据现在浦发转债所属行业、信用评级等多方面因素考虑，转股溢价率应该在 15% 到 20% 之间，因此可以估算出浦发转债上市价格大约是 110 元。

也就是说，如果进行抢权套利，预计能够获得的利益就是 110×10–1000=100 元。

同时，抢权套利的成本，也就是配售 300 股浦发银行需要的成本是 12.8×300=3840 元。

所以利润空间是 100÷3840 ≈ 2.6%。

25 日买入浦发银行正股，28 日就能够卖出。只要 28 日浦发银行不低开超过 –2.6%，这次套利的前半部分就稳了。

这 2.6% 就是浦发转债此次抢权配售的安全垫。

那么，10 月 28 日浦发银行低开超过 –2.6% 的概率大吗？以阿秋个人对这样的大银行股的认知来说，是不大的。即使存在套利党的抛售，也不至于低开超过 –2.6%。

这一次的抢权套利，是值得做的。

于是阿秋在多个账户内进行了抢权操作。

10月25日白天，为每个账户买入了300股浦发银行。

10月25日晚间，配售份额到账，每300股成功地配到了1手浦发转债。

10月28日，浦发银行正股低开0.5%，阿秋果断卖出正股，单账户亏损大约25元。

11月15日，浦发转债上市，阿秋以104元的价格卖出了浦发转债，单账户盈利大约40元。

这样，本次浦发转债的抢权套利就结束了。

如果按照400股甚至更高的比例进行抢权配售的话，可能就没有这么好的运气了。至少从浦发转债首日上市价格来说，微亏是躲不开的。

但是随后浦发转债价格持续走高，依旧有持平以及盈利的机会。

参与这一类抢权套利，一定要对抢权的正股精挑细选——高信用评级、低波动率、含权量高、市场追捧……反正积极的因素越多越好。

同时，无论多么优秀的正股，都无法避免价格短期波动造成的影响，因此，抢权套利始终是一个风险较高的套利操作。另外，如何把正股卖在高点，如何把转债卖在高点，都会直接影响到抢权套利的盈亏结果。

希望大家能够注意控制风险，快乐游戏。

特别提醒一点，深市可转债配售的最小单位是张，在计算的时候需要特别留意，千万别与沪市搞混淆了。

比如，假如浦发银行是深交所的股票，那么买入300股就并不能成功地配售到1手，而是应该配售5张。

最后阿秋来对抢权套利做个总结。

①抢权套利如何计算配售股数？

沪市：使用1000÷“公告中规定的每股获配金额”（最小单位是手）

深市：使用100÷“公告中规定的每股获配金额”（最小单位是张）

不足1手/1张的部分，近似按照四舍五入处理。

②抢权套利如何计算安全垫？

安全垫＝可转债上市预期盈利 ÷ 抢权买入正股的成本 ×100%

③抢权套利标的的筛选标准？

高信用评级、低波动率、含权量高、市场追捧……反正积极的因素越多越好。

附录 1　小天鹅吸收合并套利

（2019 年 6 月 24 日首发于阿秋公众号）

2019 年 1 月 24 日，小天鹅股东大会顺利结束。全体股东通过了美的、小天鹅吸收合并预案。该吸收合并计划最大的风险和变数消失。

当市场里有 A 和它的影子产品 B 的时候，只要有价差，就有套利机会。

那么，1 月 24 日小天鹅 B 和美的的价差有多大呢？

16%。

也就是说，此时购买小天鹅 B，相当于 85 折购买美的。待吸收合并完成之后，你可以以原价卖出美的。换个生活化的例子——相当于今天 LV 打 85 折。

这个套利机会阿秋从 2018 年 10 月美的提出吸收合并预案就开始关注了。但是之前由于最大的变数即小天鹅股东大会一直未能召开，一直迟迟不敢动手。

直到 1 月 24 日这一天，靴子终于落地。

开 B 股，换汇，半天搞定。制定策略和安排规划资金（最重要），前前后后想了 3 天。

为什么安排规划资金很重要？因为这是一个持续时间在 4 ~ 5 个月的套利活动，占用资金时间较长，所以资金的规划需要慎重。

1 月 29 日，一切就绪，开买。

☆小天鹅吸收合并套利☆

美的吸收合并小天鹅，约定小天鹅的股票（A股和B股）在到期日（预计在2019年6月左右）全部转换成美的股票。约定1股小天鹅B可以兑换1.0007股美的。

以下计算按2019年1月30日套利计算：（42.1×1.0007－35.45）/35.45×100％≈19％

其中35.45元是小天鹅B现价，42.1元是美的现价，1.0007是转股比例。
以上是价格不变情况下的收益，实际盈利应该为19％＋美的正股半年间盈亏。

相关收益请自行根据建仓情况核算。

图1　小天鹅套利分析

在半年的时间里，阿秋完美地按照既定策略完成了加仓（图2中能够看到所有加仓的时间点，百分率代表仓位）。

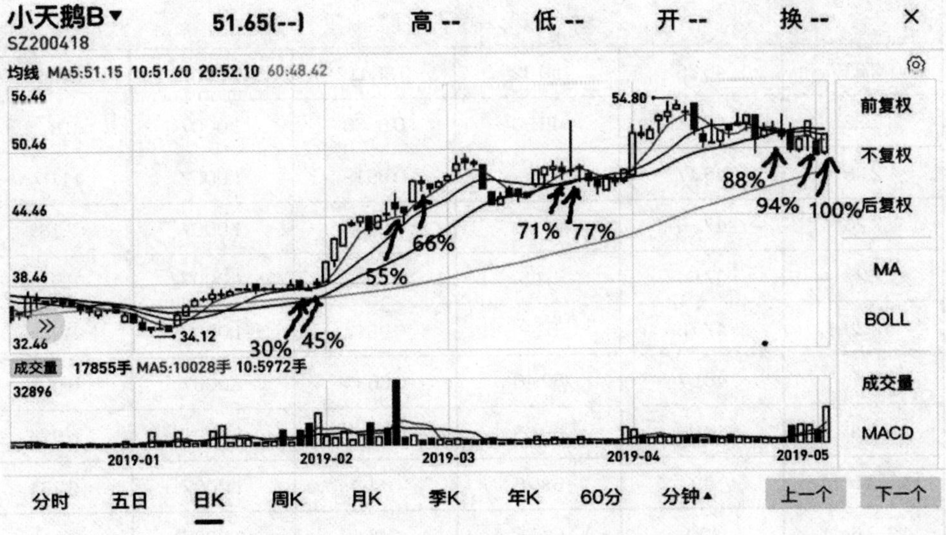

图2　小天鹅B（200418）日K线图

假如图 2 看不出来为什么加仓的话，那么表 1 中的数据更有说服力。

表 1　阿秋逐日套利空间分析表

日期	美的价格	小天鹅 B 价格	当日汇率	换股比例	套利空间
1.24	41.59	41.5	0.8584	1.0007	16.83%
1.29	43	41.5	0.8584	1.0007	20.79%
1.30	42.1	41.41	0.8562	1.0007	18.82%
1.31	43.53	42.09	0.854	1.0007	21.19%
2.1	44.26	44.09	0.8575	1.0007	17.15%
2.11	46.08	46.34	0.8593	1.0007	15.80%
2.12	46.49	47.7	0.8654	1.0007	12.70%
2.13	46.8	47.89	0.8619	1.0007	13.46%
2.14	47.15	48.5	0.8633	1.0007	12.69%
2.15	45.27	47.2	0.8633	1.0007	11.18%
2.18	46.4	48.6	0.8633	1.0007	10.67%
2.19	46.08	48.7	0.8632	1.0007	9.69%
证监会审核，停牌					
2.21	45.86	49.32	0.85412	1.0007	8.94%
2.22	45.61	48.96	0.8563	1.0007	8.87%
2.25	49.17	52	0.8519	1.0007	11.07%
2.26	47.36	51.79	0.8538	1.0007	7.18%
2.27	47.64	51.3	0.8533	1.0007	8.91%
2.28	47.78	51.9	0.8512	1.0007	8.23%
3.1	48.57	52.46	0.8531	1.0007	8.60%
3.4	48.96	53.65	0.8537	1.0007	6.97%
3.5	49	53.78	0.854	1.0007	6.76%
3.6	49.1	53.65	0.855	1.0007	7.11%

（续表）

日期	美的价格	小天鹅 B 价格	当日汇率	换股比例	套利空间
3.7	47.56	51.22	0.8548	1.0007	8.70%
3.8	45.8	49.65	0.8561	1.0007	7.83%
3.9	46.58	50.38	0.8568	1.0007	7.99%
3.12	46.16	50.41	0.8554	1.0007	7.12%
3.13	46.23	50.49	0.8547	1.0007	7.20%
3.14	46.41	50.39	0.8549	1.0007	7.81%
3.15	47.93	53	0.8559	1.0007	5.73%
3.18	49.32	53.25	0.8546	1.0007	8.45%
3.19	49.25	53.33	0.855	1.0007	8.09%
3.20	48.9	52.86	0.8552	1.0007	8.25%
3.21	48.24	52.95	0.85	1.0007	7.26%
3.22	48.6	53.3	0.8544	1.0007	6.80%
3.25	46.69	51.93	0.8554	1.0007	5.18%
3.26	46.18	50.7	0.8548	1.0007	6.63%
3.27	47.57	52.3	0.8555	1.0007	6.39%
3.28	47.14	51.89	0.8555	1.0007	6.26%
3.29	48.73	52.98	0.8555	1.0007	7.59%
4.1	52.93	56.58	0.8555	1.0007	9.43%
4.2	51.9	56.32	0.8555	1.0007	7.79%
4.3	52.2	56.88	0.8555	1.0007	7.35%
4.4	53.65	58.23	0.8555	1.0007	7.77%
4.8	54.17	58.4	0.8555	1.0007	8.50%
4.9	55.01	59.29	0.8555	1.0007	8.53%
4.10	54.72	58.65	0.8555	1.0007	9.13%
4.11	52.44	56.9	0.8555	1.0007	7.80%

（续表）

日期	美的价格	小天鹅 B 价格	当日汇率	换股比例	套利空间
4.12	51.29	55.71	0.8555	1.0007	7.69%
4.15	51.5	55.62	0.8555	1.0007	8.31%
4.16	52.88	56.76	0.8555	1.0007	8.98%
4.17	53	56.8	0.8555	1.0007	9.15%
4.18	53.42	57.5	0.8555	1.0007	8.67%
4.19	55.08	58.25	0.8555	1.0007	10.61%
4.22	52.79	55.91	0.8555	1.0007	10.44%
分红除权					
4.23	52.27	52.02	0.855	0.9055	6.42%
4.24	52.6	52.09	0.855	0.9055	6.94%
4.25	51.41	51.48	0.855	0.9055	5.76%
4.26	49.37	50.28	0.855	0.9055	3.99%
4.29	51.31	51.22	0.855	0.9055	6.09%
4.30	52.4	52.8	0.855	0.9055	5.10%
5.6	49.07	49.8	0.855	0.9055	4.35%
5.7	50.75	51.65	0.855	0.9055	4.06%
现金选择，停牌					
5.22	51.41	小天鹅退市			
5.23	49.51	小天鹅退市			
5.24	49.82	小天鹅退市			
5.27	49.75	小天鹅退市			
5.28	50.51	小天鹅退市			
5.29	50.38	小天鹅退市			
5.3	49.45	小天鹅退市			
5.31	49.6	小天鹅退市			

（续表）

日期	美的价格	小天鹅 B 价格	当日汇率	换股比例	套利空间
6.3	50.12	小天鹅退市			
6.4	49.7	小天鹅退市			
6.5	49.51	小天鹅退市			
6.6	49.5	小天鹅退市			
6.10	49.76	小天鹅退市			
6.11	51.47	小天鹅退市			
6.12	51.51	小天鹅退市			
6.13	51.03	小天鹅退市			
6.14	50.57	小天鹅退市			
6.17	50.79	小天鹅退市			
6.18	50.91	小天鹅退市			
6.19	52.01	小天鹅退市			
6.20	53.29	小天鹅退市			
结束					

在小天鹅分红前，阿秋一直围绕着 10% 套利空间加仓。分红结束之后，由于价格迅速收敛，因此阿秋围绕 5% 的空间加仓。

最终盼到了 6 月 21 日，小天鹅完美退市，美的股票到账。

按照周四收盘价，此次套利操作持仓收益在 45% 以上。

在 1 月 31 日至 6 月 21 日期间，美的正股从 41 元上涨至 53 元，上涨了约 30%，所以理论上阿秋取得的收益中有 30% 得益于正股上涨，剩下的 15% 得益于套利操作。

阿秋一共动用了两个账户操作此次套利。B 股市场用港币交易，单账户有 5 万美元的购汇限制。

在这 4 个月，阿秋的加仓时间点都同步给了社群里的朋友——实现了傻瓜式套利全套服务，获得了广泛的好评。

从反馈来看，参与本次套利的朋友平均应该都取得了 35%~40% 的持仓收益，也就是大约 110% 的年化收益率。

很可惜，阿秋并没有本事天天找到好的套利机会。如 2018 年年末江南转债无风险回售套利，和这一次低风险的美的小天鹅吸收合并套利的机会，一年可能也就这两次。

错过了就是错过了，下一次什么时候出现阿秋也不知道。

附录 2　可交换债

1. 什么是可交换债

可交换债（Exchangeable Bond，简称 EB），全称为“可交换他公司股票的债券”，是指上市公司股份的持有者通过抵押其持有的股票给托管机构进而发行的公司债券，该债券的持有人在将来的某个时期内，能按照债券发行时约定的条件用持有的债券换取发债人抵押的上市公司股权。

比如 2019 年发行的 G 三峡 EB1（132018），其发行人为中国长江三峡集团有限公司，而预备用于交换的股票是长江电力（600900）。

也就是说，三峡集团大股东用自己手里持有的长江电力的股份做抵押来发行债券。通过一级市场申购及二级市场买入可交换债 G 三峡 EB1 的可交换债持有人，可以按照发行公告中约定的条件，将 G 三峡 EB1 转换成长江电力的股票。

2、本次可交换公司债券发行人为中国长江三峡集团有限公司，预备用于交换的股票标的为中国长江电力股份有限公司 A 股股票。与可转换公司债券相比，本期债券的发行人为上市公司股东，发行主体存在差异。投资者应当充分关注可交换债券及预备用于交换的股票的相关信息，根据自身的风险承受能力做出独立、慎重、适当的投资决策，并自行承担投资风险。发行人和主承销商郑重提示广大投资者注意投资风险，理性投资，认真阅读《中国长江三峡集团有限公司公开发行 2019 年绿色可交换公司债券（第一期）募集说明书（面向公众投资者）》和《中国长江三峡集团有限公司公开发行 2019 年绿色可交换公司债券（第一期）发行公告（面向公众投资者）》，发行公告及募集说明书摘要刊登在 2019 年 4 月 2 日（T-2 日）的《上海证券报》和上海证券交易所网站（http://www.sse.com.cn）上。

图 1　G 三峡 EB1 发行公告

上市公司发行可转债的目的是“借钱不还”，而上市公司大股东发行可交换债的目的是“减持股票”——三峡集团就是想减持长江电力的股票，所以才发行了可交换债。历史上，香港的和记黄埔曾两度发行可交换债以减持VODafone；大东电报也用此方法出售了手中的电讯盈科的股份。

从具体的优势和劣势两个角度来看，可交换债具有如下优点。

①可交换债可以为发行人获取低成本融资的机会。由于债券还赋予了持有人标的股票的看涨期权，因此发行利率通常低于其他信用评级相当的固定收益品种。

②一般而言，可交换债的转股价均高于当前市场价，因此可交换债实际上为发行人提供了溢价减持子公司股票的机会。例如，母公司希望转让其所持的子公司5%的普通股以换取现金，但目前股市比较低迷，股价较低，通过发行可交换债，一方面可以以较低的利率筹集所需资金，另一方面可以以一定的溢价比率卖出其子公司的普通股。

③可交换债融资方式有风险分散的优点，这使得可交换债在发行时更容易受到投资者的青睐。由于债券发行人和转股标的的发行人不同，债券价值和股票价值并无直接关系。债券发行公司业绩下降，财务状况恶化，并不会同时导致债券价值或普通股价格下跌。特别是当债券发行人和股票发行人分处于两个不同的行业时，投资者的风险就更为分散。由于市场不完善，信息不对称，在其他条件不变的情况下，风险分散的特征可使可交换债的价值大大高于可转债价值。

④与发行普通公司债券相比，由于可交换债含有股票期权，预计的还本压力较普通债券减少，且在债券到期时一般不影响公司的现金流状况，因此可以降低发行公司的财务风险。在成熟的资本市场，可交换债比可转债更容易被分拆发售，即将嵌入的认股权证与债券拆开，作为单独的交易工具出售。

相应地，它也具有以下缺点：可交换债的发行可能导致转股标的股票发行人的股东性质发生变化，从而影响公司的经营。比如原母公司持有上市子公司股票，如果母公司减持欲望强烈时，母公司有可能发行较大数量的可交换债，从而在转股完成后子公司股东变得分散，甚至会影响到子公司的经营。可交换债由于较可转债更为复杂，因此发行方案的设计也更为复杂，要求投资人具有更为专业的投资及分析技能。

2. 可交换债和可转债的区别

可交换债和可转债乍看起来很相似，经常有人搞不清楚。

它们主要有以下几个不同之处。

①发债主体和偿债主体不同。可交换债主体是上市公司的股东，可转债是上市公司本身。

②发债目的不同。发行可交换债的目的具有特殊性，通常并不为具体的投资项目，其发债目的包括股权结构调整、投资退出、市值管理、资产流动性管理等；发行可转债的目的是用于特定的投资项目。

③所换股份的来源不同。可交换债是发行人持有的其他公司的股份，可转债是发行人本身未来发行的新股。

④对公司股本的影响不同。可转债转股会使发行人的总股本扩大，摊薄每股收益；可交换债换股不会导致标的公司的总股本发生变化，也无摊薄收益的影响。

⑤抵押担保方式不同。上市公司大股东发行可交换债要以所持有的用于交换的上市公司股票做质押品，除此之外，发行人还可另行为可交换债提供担保；发行可转债，要由第三方提供担保，但最近一期末经审计的净资产不低于人民币 15 亿元的公司除外。

⑥转股价的确定方式不同。可交换债交换为每股股份的价格应当不低于募集说明书公告日前 30 个交易日上市公司股票交易价格平均值的 90%；可转债转股价格应不低于募集说明书公告日前 20 个交易日该公司股票交易均价和前一交易日的均价。

⑦转换为股票的期限不同。可交换公司债券自发行结束之日起 12 个月后

方可交换为预备交换的股票，现在还没有明确是欧式还是百慕大式换股。可转债自发行结束之日起 6 个月后即可转换为公司股票，现实中，可转债是百慕大式转股，即发行 6 个月后的任何一个交易日都可转股。

⑧转股价向下修正的方式不同。可交换债没有可以向下修正转换价格的规定；可转债可以在满足一定条件时向下修正转股价。

3. 可交换债现状

从发行方面来看，自 2013 年国内第一只可交换债 13 福星债（117001）诞生以来，因其融资成本低等优势，发行数量和金额逐年增多。但进入 2018 年以来，这一趋势开始发生逆转。

据东方财富 Choice 数据统计，2014 年可交换债发行数量只有 5 只，发行主体也只有 5 家。到 2015 年，可交换债数量就达到了 31 只，猛增 6 倍，发行主体也达到 24 家。此后，可交换债市场持续火热，2016 年发债数量达到了 71 只，发行主体 46 家，相比上年再次翻番。2017 年，虽然可交换债的数量增幅不大，但发行总额达到了 1172.84 亿元，较上年翻了近 1 倍。到了 2018 年，发行的可交换债数量仅有 19 只，发行主体仅 18 家，发行总额则回落至 2016 年水平。到了 2019 年，可交换债发行行情更加凄惨，全年仅有 1 只可交换债面向普通投资者发行（就是前文说到的 G 三峡 EB1）。

可交换债为何从 2016 年的“小甜甜”变成如今的“牛夫人”？说到底还是融资环境发生了变化。随着金融去杠杆加速，资金面趋紧成为不少上市公司面临的问题。加上不少公司由于业绩滑坡，甚至发生了债务违约的情况，于是可交换债的交易就更加保守了——除非可交换的股票真的是香饽饽，否则投资者真的对这种低息但风险并不低的债券不感兴趣。

二级市场的买卖虽然很艰难，但是一级市场的打新申购依旧还是有利可图的。

可交换债打新的筛选方式和可转债类似，如果有兴趣，不妨举一反三地研究一下。

附录 3　做好能力圈里的事

苏格拉底最推崇刻在特尔斐神庙上的一句话——“认识你自己”。

“自我认知”这个东西在生活的方方面面都具有至关重要的作用。在投资领域，就是巴菲特和芒格这两位投资大师告诉我们的这句话——“投资成功最重要的就是能力圈原则”。

巴菲特说：“投资人真正需要具备的是对所选择的企业进行正确评估的能力，请特别注意‘所选择’(selected) 这个词，你并不需要成为一个通晓每一家或者许多家公司的专家。你只需要能够评估在你能力圈范围之内的几家公司就足够了。能力圈范围的大小并不重要，重要的是你要很清楚自己的能力圈范围。”

“在能力圈内投资”，是巴菲特和芒格反复强调的重要原则。

1. 什么是投资的能力圈

那么，什么是投资的能力圈呢？

在阿秋看来，投资的能力圈是你年复一年的学习、分析和思考之后，在某一领域形成的比较深刻的认知；是你看了几十家甚至几百家公司，反复比较之后得到的一套行之有效的方法总结；是你自己掉进了无数个坑或者看到别人掉进无数个坑后，自己从中总结出来的宝贵经验。

我们看到巴菲特对能力圈内的公司是这样做的：“我会每次选择一个行业，逐步成为专家。我不会简单接受关于任何一个行业的传统看法。我要努力研究分析得出自己的独立看法。如果我选择的是一家保险公司或一家造纸公司，我会在脑子里想象，自己处于这样一个情境之中：我刚刚继承了这家公司，而且这家公司将是我们整个家庭拥有的唯一财产。我应该对这家公司做些什么？我要考虑哪些东西？我担心什么东西？谁是我的竞争对手？谁是我的客户？我会走出办公室，去与客户们交谈。我要弄清楚，与其他同行企业相比，我们这家公司的优势是什么，劣势是什么。如果你这样做了研究分析的功课，那么你就有可能会比管理层更加了解这家公司。”

不过，对于大部分投资者而言，认清自己的能力圈并非易事。成王败寇，投资界习惯以成败论英雄，有时候投资业绩呈现的信号本身也是模糊的。比如牛市时，投资者往往会觉得自己能力很强，把赚钱的能力归因于自己对行业和公司的深刻理解；熊市时，投资者也往往不认为自己能力弱，而倾向于把亏损归咎于宏观环境、政策环境等其他外部因素。事实上，赚钱由很多因素构成，有些属于能力圈的范畴，有些则属于偶然的范畴。

一般来说，能力圈包括专业知识和解决问题的实践能力——大家都知道，学习单个的概念和模型其实并不难，难的是将这些知识组块，也就是将知识排列组合，用它来解决实际问题。

在投资中，投资者的经验是构成投资能力很宝贵的资源。

2. 如何搞清楚自己的能力圈

那么，如何才能搞清楚自己的能力圈范围呢？

阿秋有几个观察自己的指标，仅供参考。

首先，你是否具有把书读厚又读薄的能力：你是否能像行业专家那样对行业的发展历史、竞争格局演变、行业壁垒等有一个清晰的了解，同时又能提炼出行业最重要的观测指标。

其次，你是否了解行业内市场集体看错或者你自己看错的公司：你能否了解犯错的原因，并对这些错误进行分析，找出共性和特例。

最后，你是否具有融会贯通的能力：你是否能从历史规律和演变中找到行之有效的方法对未来做一个预判，分析当时的背景、行业格局、企业财务表现等，并和现在作对比，找到优秀企业的共性并在企业体量很小的时候找到它。

3. 坚守能力圈

搞清楚了自己的能力圈后，并不意味着万事大吉了。

坚守能力圈的边界，成了一件非常困难的事情。

其中最大的困难在于，如何能够抵挡住为了追逐更多利润跨出能力圈的诱惑。

为什么历史上成千上万的投资大师中，只有巴菲特在2008年通过投资成为身家620亿美元的世界首富？

其中最重要的原因之一，是巴菲特特别能够自制，总是能够坚守自己的能力圈——“对于大多数投资者而言，重要的不是他到底知道什么，而是他们是否真正明白自己到底不知道什么。”

巴菲特曾经说：“我对IBM创始人之子托马斯·沃森了解一些。我可以告诉你他说过的一句非常聪明的话：‘我并不是一个天才。但在某些方面相当聪明，我就一直专注于这些方面。’这是一个非常明智的建议，也适用于股票投资。”

看看巴菲特过去40多年的股票投资组合，你会发现巴菲特长期持有自己从小就非常熟悉的公司：他6岁就卖过的可口可乐，13岁开始做报童，送了3年的《华盛顿邮报》，他经常使用美国运通的信用卡，吉列（后来并入宝洁）生产他天天使用的剃须刀，这些企业几乎没有一家是高科技企业。

巴菲特解释说：“我们努力固守我们相信可以了解的公司，这意味着那些公司具有相对简单且稳定的特征。如果企业业务非常复杂而且不断变化，那么我们就实在是没有足够的聪明才智去预测其未来现金流量。碰巧的是，这个缺点丝毫不会让我们感到困扰。对于大多数投资者而言，重要的不是他到底知道什么，而是他们是否真正明白自己到底不知道什么。只要能够尽量避免犯重大错误，投资人只需要做很少几件正确的事情就足以成功了。”

20世纪90年代后期，网络科技股大牛市，巴菲特却一股也不买，尽管这让他在 1999 年盈利只有 0.5%，而当年股市大涨 21%，巴菲特却依然坚持能力圈原则。“我们的投资原则如果运用到科技股上也会同样有效，但我们并不知道该如何具体运用。如果我们今年亏了钱，我们会在第二年赚回来，并向你解释我们是如何做到的。我确信比尔·盖茨运用的是和我们同样的投资原则。他理解高科技企业的方式与我理解可口可乐或吉列公司这些传统企业的方式一样。我可以肯定地说，他同样也是寻找一个投资的安全边际。我可以肯定，他估算安全边际时，就像他拥有整个企业一样，而不是仅仅拥有一只股票。所以，我们的投资原则对于任何科技股都同样适用。只不过我们并不是能够把这些原则具体运用到科技股上的人而已。如果我们在自己的能力圈里找不到值得投资的企业，我们并不会因此就去扩大我们的能力圈。我们只会选择耐心等待。”

结果从 2000 年开始，美国股市网络科技股泡沫破裂，股市连跌 3 年，跌幅超过一半。巴菲特这 3 年却盈利 10%，大幅跑赢市场。

“年轻的时候，我们总是会将自己的创作冲动误解为创作才能”——这是钱钟书在《围城》里的一句话。

这句话说的是人性的弱点——我们往往很容易高估自己的能力。

投资也是一样，就像 90% 的司机认为自己的开车技术位于平均水平之上，许多投资者也容易高估自己的投资水平。

股神巴菲特在这方面为我们做出了榜样，对于能力圈以外的公司，无论别人怎么看好，巴菲特根本不理，哪怕错过再大的赚钱机会，也不会后悔，因为这在他的能力圈以外，不是他该赚的钱。

在我们身边，常常碰到一些人说，后悔没有买某只股票，或者比特币今年涨了很多倍却错过去了。

可是去年这个时候，你知道比特币会上涨吗？你对它的了解有多少？

不在能力圈内的东西，就不是你应得的，也就没什么可后悔的。

愿你我都能努力做好能力圈之内的事情。

与大家共勉。

附录 4　洪涛转债持有人维权事件

（2019 年 10 月 29 日首发于阿秋公众号）

2019 年 10 月 28 日晚，洪涛转债的大股东终于让步了，发布了提议下修的公告。

> 截至本公告披露日，公司 A 股股价已经出现任意连续三十个交易日中至少有十五个交易日的收盘价低于当期转股价格的 80%（即 7.98 元/股）的情形，已满足《募集说明书》中规定的转股价格向下修正的条件。
>
> 为充分保护债券持有人的利益，优化公司的资本结构，支持公司的长期发展，公司于 2019 年 10 月 28 日召开第五届董事会第二次会议，审议通过了《关于向下修正“洪涛转债”转股价格的议案》，并提交股东大会审议表决。修正后的转股价格应不低于股东大会召开日前二十个交易日公司股票交易均价和前一交易日均价之间的较高者。如审议该议案的股东大会召开时，上述任一指标高于调整前“洪涛转债”的转股价格（9.97 元/股），则“洪涛转债”转股价格无需调整。同时提请股东大会授权董事会根据《募集说明书》中相关条款办理本次向下修正“洪涛转债”转股价格相关事宜。

图 1　洪涛转债（128013）拟下修公告

至此，洪涛股份因为减资而引发的一系列洪涛转债持有人维权事件算是落下了帷幕。

作为整个维权事件从头到尾的参与者与组织者，阿秋必须要发布这样一篇总结文章，为后续遭遇相同情况的债权人留下宝贵的资料。

每一个可转债投资者，都不孤独！

2019 年 9 月 17 日，洪涛股份发布公告，宣称因为要回购注销部分已实施的股权激励，触发了“注册资本减少”（以下简称减资）行为。根据公告内容，公司所有债权人，自公告日起 45 日内，有权要求公司清偿债务以及提供担保。

公司本次回购注销部分股权激励股份将涉及注册资本减少，根据《中华人民共和国公司法》等相关法律、法规的规定，公司特此通知债权人，债权人自本公告之日起四十五日内，有权要求本公司清偿债务或者提供相应的担保。债权人未在规定期限内行使上述权利的，本次回购注销将按法定程序继续实施。

本公司各债权人如要求本公司清偿债务或提供相应担保的，应根据《中华人民共和国公司法》等法律、法规的有关规定向公司提出书面要求，并随附有关证明文件。

特此公告

深圳洪涛集团股份有限公司

董 事 会

2019 年 9 月 17 日

图 2　洪涛转债减资公告

本来这只是一个不起眼的小公告，然而洪涛股份可能忘记了此刻市场上还发行着一个 12 亿元的洪涛转债。由于长达 3 年时间的不作为，洪涛转债的价格常年在面值以下，表现极差。

12 亿元可转债的持有人炸锅了——可转债的本质是债券，既然你不促进转债转股，那我们就要求回售吧。

洪涛没有想到汹涌的可转债持有人就这么涌过来要求还钱了，起初不承认可转债属于公告中的债权范围。

于是，我们来到了和洪涛博弈的第一个阶段——要求同债同权。

感谢 JSL“卡神”为大家提供了证监会、深交所“关于洪涛股份不对可转债投资者同债同权的投诉”模板，并且提供了相关电话及投诉邮箱。

大家开始了疯狂的第一轮投诉。

关于洪涛股份不对可转债投资者“同债同权”的投诉（投诉模板）

小卡
2019-10-08 21:04

写个模板，大家去证监会投诉吧，楼下更新投诉方式，请大家同步抄送洪涛公司

关于洪涛股份不对可转债投资者“同债同权”的投诉
中国证监会、深交所：
我们是洪涛转债的投资者，本次投诉的内容是洪涛股份公司在实施减资债权清偿的工作中，对可转债投资者区别对待，侵犯可转债投资者合法权益。
2019年9月17日，洪涛公司发布了一则《关于回购注销部分限制性股票的减资公告》，公告中明确提出：“根据《中华人民共和国公司法》规定，公司特此通知债权人自本公告之日起四十五日内，有权要求本公司清偿债务或者提供相应的担保。”

图 3　小卡“同债同权”申诉帖

经过为期两周的电话、邮件轰炸之后，洪涛大股东终于服软，表示承认可转债的债权权力，会跟进后续处理事项。

第一轮的博弈，我们取得了胜利。

2019 年 10 月 8 日，洪涛股份发布公告，将召开 2019 年债券持有人大会，公开表决是否需要因为减资行为而清偿债券，大会时间为 10 月 30 日。公告中写明，不到现场的债权人视为自动放弃表决权，并且只要有半数债权持有人通过决议（第一大股东持有 30% 债权），清偿债务将不必进行。

一、会议召开的基本情况

（一）召集人：公司董事会

（二）会议召开时间：2019 年 10 月 30 日下午 15:30

（三）会议召开地点：广东省深圳市龙华区观湖街道樟坑径社区环观南路 92 号 A5201 洪涛产业园会议室

（四）会议召开及投票表决方式：会议采取现场方式召开，投票采取记名方式表决

（五）债权登记日：2019 年 10 月 22 日

图 4　洪涛转债债权人大会公告

于是，我们进入了和洪涛博弈的第二个阶段——否认债权人大会的合理性，要求清偿债务。

感谢 JSL“我是蟀哥”为大家提供了“要求洪涛股份清偿可转债”模板，并且提供了挂号信的寄送方式。

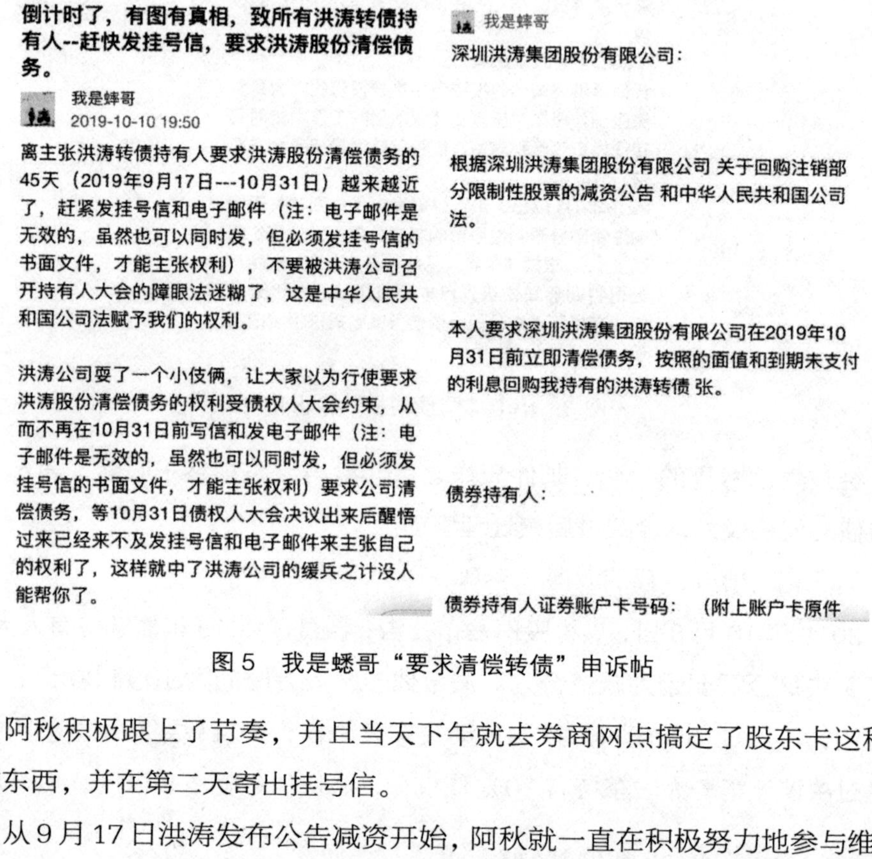

倒计时了，有图有真相，致所有洪涛转债持有人--赶快发挂号信，要求洪涛股份清偿债务。

我是蟀哥
2019-10-10 19:50

离主张洪涛转债持有人要求洪涛股份清偿债务的45天（2019年9月17日---10月31日）越来越近了，赶紧发挂号信和电子邮件（注：电子邮件是无效的，虽然也可以同时发，但必须发挂号信的书面文件，才能主张权利），不要被洪涛公司召开持有人大会的障眼法迷糊了，这是中华人民共和国公司法赋予我们的权利。

洪涛公司耍了一个小伎俩，让大家以为行使要求洪涛股份清偿债务的权利受债权人大会约束，从而不再在10月31日前写信和发电子邮件（注：电子邮件是无效的，虽然也可以同时发，但必须发挂号信的书面文件，才能主张权利）要求公司清偿债务，等10月31日债权人大会决议出来后醒悟过来已经来不及发挂号信和电子邮件来主张自己的权利了，这样就中了洪涛公司的缓兵之计没人能帮你了。

我是蟀哥

深圳洪涛集团股份有限公司：

根据深圳洪涛集团股份有限公司 关于回购注销部分限制性股票的减资公告 和中华人民共和国公司法。

本人要求深圳洪涛集团股份有限公司在2019年10月31日前立即清偿债务，按照的面值和到期未支付的利息回购我持有的洪涛转债 张。

债券持有人：

债券持有人证券账户卡号码：（附上账户卡原件

图 5　我是蟋哥“要求清偿转债”申诉帖

阿秋积极跟上了节奏，并且当天下午就去券商网点搞定了股东卡这种远古的东西，并在第二天寄出挂号信。

从 9 月 17 日洪涛发布公告减资开始，阿秋就一直在积极努力地参与维权。

同时，阿秋持续地在自己的社群内积极号召洪涛转债的持有人进行投诉，合理主张自己的权利，敢于与违法行为做斗争。

阿秋可以骄傲地说，在洪涛做出的每一步动作里，都有自己和群友们的不断努力。

所以，今天看到洪涛大股东终于下修可转债转股价格，阿秋非常开心。

不管洪涛大股东最后能否下修到底，甚至在最后的几年内推动强赎，阿秋都坚信——每一个可转债投资者都不孤独，这一路你我都会同行！

最后补充下当日进行的操作部分。

阿秋的“强赎制霸”组合中持有洪涛转债，因为洪涛转债并不会触发强赎，根据策略，不进行任何操作。

阿秋的“回售摸彩”组合中也持有洪涛转债，今日洪涛转债预计会达到103元附近，已触发阿秋的止盈策略，因此会减仓30%。

后记

做可转债这几年，是阿秋投资生涯中的高光时刻。

可转债以一种强势的姿态进入到阿秋的投资世界，并且和阿秋本人的性格及策略契合得非常好，所以也是身在其中越钻研越开心。

机缘巧合之下，就有了这本书的诞生。

穿越牛熊是每位投资者都期望的，阿秋更愿意把牛熊走势当做一块试金石来看待——七亏两平一赚，是我国证券市场的统计数据。而阿秋靠着研究和操作可转债，可喜地在过去的这段时间里取得了超过市场 20% 的收益，超过了市场里 90% 的投资者。相信穿越这一轮牛熊之后，阿秋的表现会更加出色，一切会更好。

对这本书，阿秋依旧有一些“遗憾”。

可转债的本质其实是债权 + 期权，但是期权这一概念对于初学者来说理解起来有些困难，因此阿秋在本书中选用了债券属性和股票属性这样浅显易懂的概念来阐述。

在第七章套利操作中，很多套利操作叙述得都比较简单，并未深入讲解。其中最典型的就是交通银行的抢权套利，其实当时还涉及到可转债净资产发行要求这样的条款，但是出于篇幅及理解方面的考虑，阿秋都没有展开讲解。

考虑到这是一本面向小白投资者的入门级书籍，本书并未对可转债网下打新展开讲解，感兴趣的朋友可以自行查阅资料及咨询券商，相信都能很快获得想要的信息。

市场上还有很多厉害的前辈，阿秋从他们身上学到了太多的东西。阿秋也是在消化吸收了这些知识之后，结合自己的实操体验，完成了系统性的知识重构，然后以阿秋擅长的教育手法呈现了出来。

由于创业的原因，阿秋的白天是一心一意扑在工作上，每日的投资操作与复盘都是在深夜进行的。较为独特的白天不看盘的习惯，的确让阿秋“错过”了一些盘中的机会，但是却收获到了更加清净的投资决策氛围和更加平静的投资心态。你也可以尝试看看，说不定会打开一片投资的新天地。

在本书正文中不方便插入，但也十分有价值的一些内容，阿秋都把它们放入了附录。

附录 1 记录了阿秋参与的小天鹅吸收合并套利过程。当然，阿秋 2019 年还参与了包括但不限于海航债套利、各种要约套利等一系列机会。

附录 2 简单讲解了什么是可交换债，它的优缺点以及它与可转债的区别。

附录 3 记录了阿秋对于能力圈这个问题的相关思考。

附录 4 记录了洪涛转债持有人的维权事件，希望大家明白，可转债投资者都不孤独。

未来阿秋将持续地深研可转债及其他套利操作，并且持续制作微课和相关图书，希望可以帮助到更多人。

可转债是一个天赐的机会，本书出版之时，市场尚处在熊市区间，希望大家看到此书，通过学习积累，在牛市来临时能收获不菲的财富，并且持续地在以后的牛熊周期中越战越勇。

身为教育从业者，阿秋很在意大家对于本书的学习体验，有任何问题，都可以通过阿秋的公众号进行反馈，阿秋会对内容不断地进行完善。

期待你的到来！